Für alle Genießer und Entdecker dieser Welt.

Für Dich.

Von Herzen wünschen
wir euch eine erfüllte
Zeit ♡

CaT

Genieße den Nektar,
spüre den Puls.

Tanja & Christian Roos

Glücklich in

Island

Der Reiseführer für Genießer und Entdecker

Süddeutsche Zeitung Edition

Inhalt

1. Willkommen

Blau, Rot und Weiß, das sind die Farben der isländischen Flagge. Die Farben stehen für die Berge, das vulkanische Feuer sowie Schnee und Gletscher. Island bietet dir die Möglichkeit, in nur vier Flugstunden eine komplett andere, fast surreale Welt zu betreten. Atemberaubende Natur, unvergessliche Abenteuer, heiße Stunden in den vielen natürlichen Quellen und unzählige glückliche Momente für die Ewigkeit.

„Wer aus dem Sturm heimkommt, der hat Erfahrung."
— Isländisches Sprichwort

Halló!
Schön, dass Du da bist.

Eine Reise auf die Insel aus Feuer und Eis ist ein einzigartiges Erlebnis. Vor allem Naturliebhaber und Abenteurer kommen auf der größten Vulkaninsel der Welt voll und ganz auf ihre Kosten. Es ist ein magisches Land, gesegnet mit unberührten Landschaften, Gletschern, Wasserfällen, heißen natürlichen Geothermalquellen, der Mitternachtssonne, dem Nordlicht, Fjorden, Inseln, bizarren Lavalandschaften und Geysiren. Und es ist das Land der Elfen, Feen und Trolle, der Mystik und der rauen Wikingergeschichte. Rund 60 Prozent der circa 350.000 Einwohner sind überzeugt von der Existenz der Fabelwesen – und wenn man auf dieser faszinierenden Insel unterwegs ist, schenkt man den vielen Sagen und Geschichten schnell selbst Glauben. Wir sind restlos verliebt in dieses Land und überzeugt, du wirst es, besonders mit diesem Reiseführer, auch bald sein. Nicht nur die Natur zieht einen in den Bann, auch die kulinarischen Highlights wie Hummersuppe, fangfrischer Fisch und die vielen kleinen lokalen Craftbeer-Brauereien sind auf der Genuss-Skala ganz oben anzusiedeln.

Das Beste daraus teilen wir hier. Man wird auf seiner Reise nie alles sehen können. Daher richten wir die Aufmerksamkeit auf das Wesentliche und teilen mit euch die für uns ungewöhnlichsten und schönsten Orte. Zusätzlich befragen wir inspirierende Locals zu ihren Lieblingstipps und lassen sie in unseren Reiseführern zu Wort kommen. Wir nennen sie Local Soulmates. Daraus entsteht eine spannende Mischung aus originellen und authentischen Orten, wo man die Seele baumeln lassen, den Moment genießen, das Abenteuer erleben und das Glück in jeder Zelle spüren kann. Ob alleine, als Paar, als Familie oder mit Freunden – für jeden Bedarf gibt es die richtige Adresse. Ganz nach dem Motto: Das Leben ist eine Reise.

In diesem Sinne wünschen wir eine erfüllte Zeit.
Genieße den NEKTAR. Spüre den PULS. Diesmal in Island.

Herzlichst

Tanja & Christian

Island Regionen

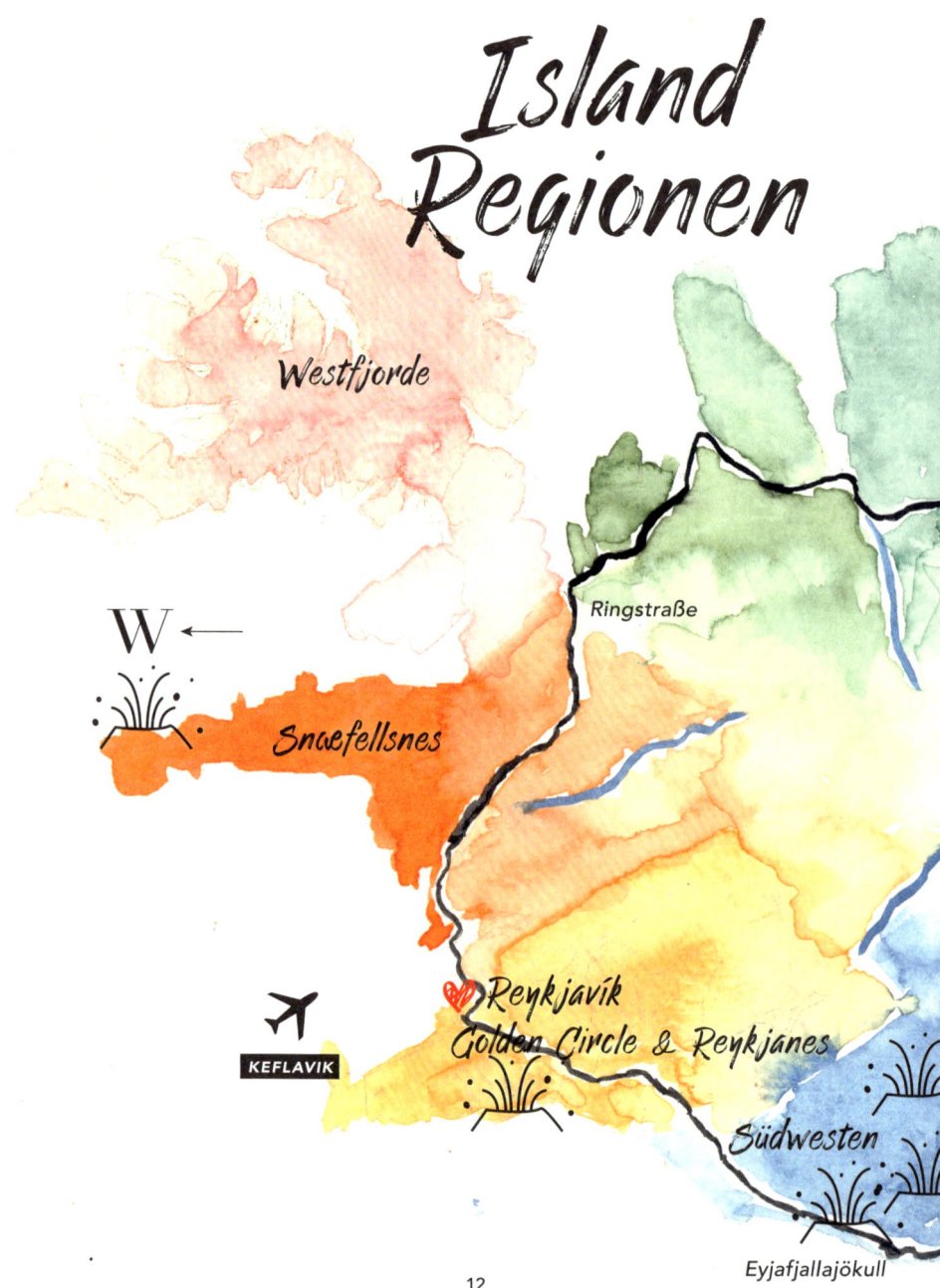

Westfjorde

W ←

Snæfellsnes

Ringstraße

KEFLAVIK

Reykjavík
Golden Circle & Reykjanes

Südwesten

Eyjafjallajökull

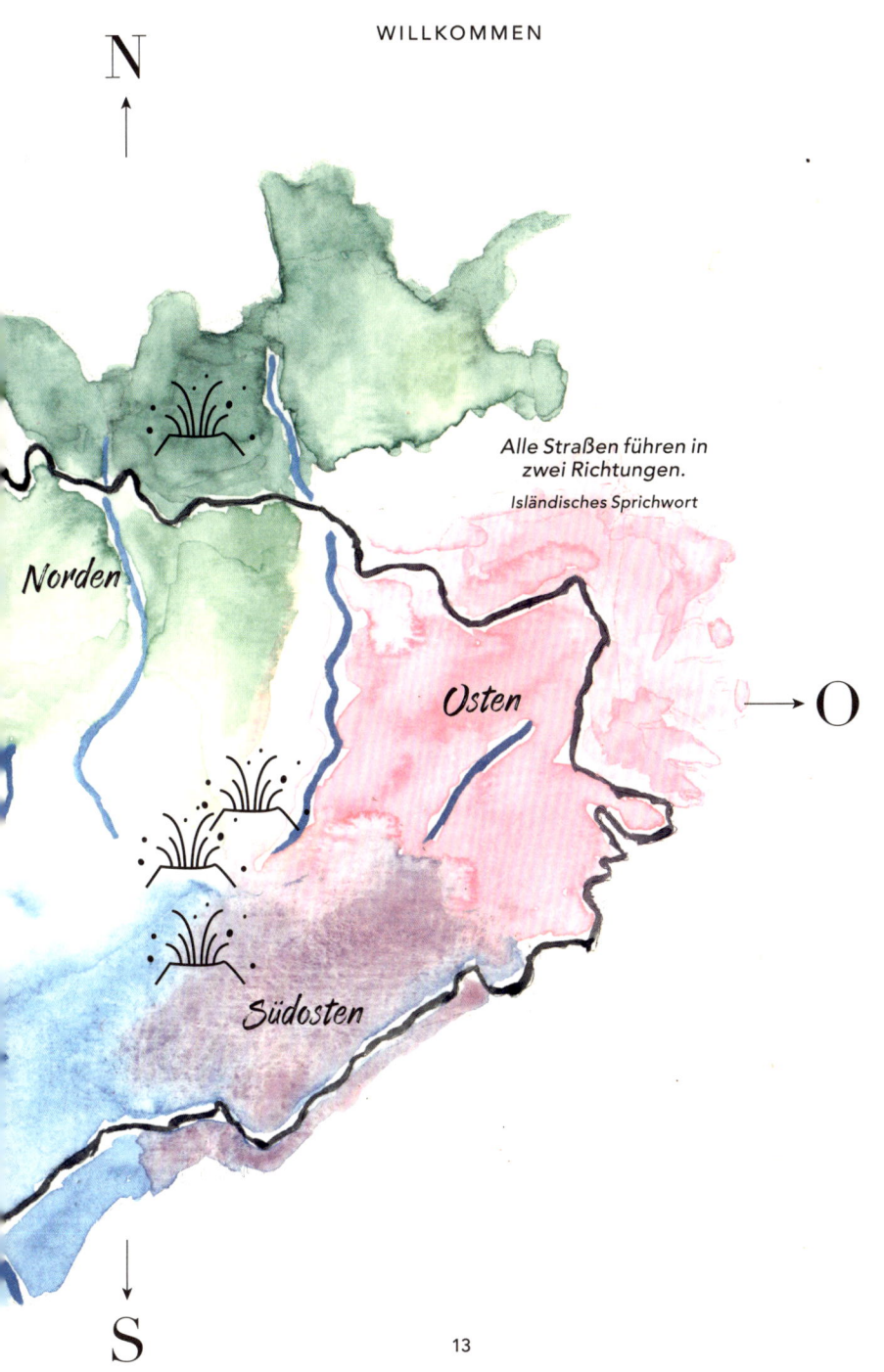

N

Alle Straßen führen in
zwei Richtungen.
Isländisches Sprichwort

Norden

Osten

O

Südosten

S

REYKJAVÍK

Wir sind begeistert von der kreativen Energie, die in Reykjavík zum Ausdruck kommt. Künstler wie Björk, Ásgeir und Sigur Ros, Architekten wir Ólafur Elíasson und vor allem die inspirierenden Ausstellungen und Konzerte junger Künstler, die Geschäfte mit isländischer Keramikkunst und Restaurants mit kreativ interpretierter, isländischer Küche prägen das kulturelle Zentrum des Landes. Mehr als ein Drittel der insgesamt 340.000 Einwohner Islands leben mittlerweile in der Hauptstadt und machen sie für Einwohner wie Besucher erlebnisreich und vielseitig.

GOLDEN CIRCLE & REYKJANES

Die Region bietet eine unglaubliche Vielfalt an beeindruckenden Naturschauspielen und ist auch aufgrund der Nähe zu Reykjavík die beliebteste Tourismusregion. Der berühmte Geysir Strokkur, der gigantische Wasserfall Gullfoss, die malerische Blaue Lagune, der geothermal erwärmte Flusslauf Reykjadalur oder das spektakuläre Geothermalgebiet Kerlingafjöll im Hochland zählen zu diesem spannenden Inselteil. Wir empfehlen eine Unterkunft etwas abseits der belebtesten Attraktionen (beispielsweise im Haukadalir), um die Region authentisch zu erleben.

SNÆFELLSNES

Snæfellsnes wird oft als Island in Miniaturform bezeichnet, weil auf dieser vergleichsweise kleinen Halbinsel viele kontrastreiche Naturphänomene nebeneinander liegen: der Vulkan Snæfellsnesjökull mit dem Gletscher und den umgebenden bizarren Lavafeldern, schwarze Sandstrände wie Djúpalónssandur, die Höhle Vatnshellir, magische Energieorte wie der Berg Kirkjufell und weite Abgeschiedenheit. Für die erste Islandreise ist dies eine Region, die keine Wünsche offen lässt.

SÜDWESTEN

Abenteuerliche, unvergessliche Wanderungen zeichnen den Südwesten Islands ebenso aus wie geologisch spektakuläre Naturbeobachtungen. Þórsmörk und Landmannalaugar gehören weltweit zu den eindrucksvollsten Wandergebieten, sowohl für einen Tagesausflug als auch für mehrtägige Wanderungen auf dem Laugavegur oder dem Fimmvörðuháls. An der Küste gibt es die geologisch „jungen" Westmännerinseln als Tagestour zu entdecken, fantastische Wasserfälle wie den Skogarfoss, geothermale Swimmingpools, gigantische Schluchten und Gletscher und unwirklich wirkende Lavabasaltsäulen in Reynisfjara.

SÜDOSTEN

Diamond Beach und Jökulsarlon sind einzigartige Orte von atemberaubender Schönheit. Die Region lässt sich im Rahmen einer Inselumrundung oder als Tagesreise vom Südwesten der Insel her unternehmen. Man sollte auf jeden Fall ein Abendessen in Höfn einplanen, denn hier gibt es die besten Hummergerichte der Welt und mit dem Otto Matur & Drykkur das schönste Restaurant, um die Erlebnisse am Diamond Beach Revue passieren zu lassen.

OSTEN

Der Bergpass Oxi ist für uns der schönste Abschnitt auf Island: Wir fahren durch ein geologisches Kunstwerk aus unzähligen Wasserfällen, steilen Schluchten und majestätischen Tälern. Die Ostfjorde bieten Wanderungen in völliger Abgeschiedenheit, überraschende Szeneorte für lokale Musikevents und leckeres Sushi aus fangfrischem isländischem Fisch in Seydisfjördur. Für Abenteurer findet sich auch hier ein geothermal erwärmter kleiner Wasserfall!

NORDEN

Auf unserer zweiten Islandreise haben wir uns in den Norden verliebt. Der Norden ist perfekt für Individualisten und Abenteurer: einsame Spaziergänge auf schwarzen Stränden am Meer, Wanderungen querfeldein über einen einsamen Bergpass, Bootstouren auf Inseln am Polarkreis, Swimmingpools mit Blick auf schneebedeckte Vulkane und geothermal erwärmte Hot Pools mit direktem Zugang zum Schwimmen im arktischen Meer. Höhepunkte im Norden sind das geothermal aktive Gebiet am See Myvatn mit dem herrlichen Naturbad, den wunderbar bizarren Lavalandschaften und Kratern sowie Europas größtem Wasserfall Dettifoss.

WESTFJORDE

Die Westfjorde sind für die meisten Isländer, die wir fragten, der schönste Teil der Insel. Unsere Soulmate Áslaug findet hier jene inspirierende Einsamkeit, die ihr Kraft und Kreativität gibt. Die Westfjorde bieten eine einzigartige Atmosphäre, authentische Erlebnisse ohne touristischen Trubel und natürlich eine beeindruckende Natur. Man kann die Westfjorde mit der Fährübersetzung von Snæfellsnes, mit einem Charterflug nach Bíldudalur oder mit dem Auto über die Küstenstraße erreichen.

ISLAND IN ZAHLEN

8
Regionen

~~~

ANZAHL EINWOHNER
338.349

Auf einen km² kommen
3,1 Einwohner

Island – Das friedlichste Land der Erde

~~~

Heimat einer der ältesten
Demokratien: 930 eingeführt

N 64° 8' 7 "
W – 21° 53' 43 "

~~~

REYKJAVÍK: Nördlichste
Hauptstadt der Welt

„Island ist das beste Land, auf welches
die Sonne scheint." – Isländisches Sprichwort

Über
60 %

aller Isländer leben
im Hauptstadtgebiet Reykjavík

Island hatte die erste offiziell
lesbische Regierungschefin weltweit

Keine Moskitos

Durchschnittlich:
alle 4 Jahre
ein Vulkanausbruch
(ca. 30 aktive Vulkane)

Über
80 %

der Isländer glauben an
Elfen. Und einige auch an
Trolle und Felsenmenschen

Zum Schutz der Elfen werden
bis heute Straßen um Regionen
geleitet, in denen man Elfen
vermutet – dafür gibt es eine
offizielle Elfenbeauftragte

170
Thermalquellen

Nahezu keine Wälder

Der Nachname leitet sich vom Vornamen des Vaters oder der Mutter ab

Elektrizität ist fast 80 % günstiger als in anderen Ländern und zu 100 % regenerativ

MANCHE HABEN MIT
43,5
ARBEITSSTUNDEN/ WOCHE
DIE LÄNGSTE ARBEITSZEIT IN EUROPA

Im Juni + Juli: bis zu 22 Stunden hell,

im Winter oft nur 4 Studen hell

0 McDonalds

ISLÄNDISCHE DELIKATESSEN:
Fermentierter Grönlandhai

Gekochter Schafskopf

Ochsenhoden

Milchprodukt: Skyr

Lammsuppe

Roggenbrot

Getrockneter Fisch

77.000
Pferde

470.000
Schafe
= 1,5 Schafe / Einwohner

z^Z_z

Babys schlafen am besten im Kinderwagen draußen vor der Tür

DAS SCHRIFTBILD WURDE SEIT ÜBER 1100 JAHREN KAUM VERÄNDERT

Mehr als
11%
der Fläche sind Gletscher

Beliebtester Sport: Fußball und Handball

Es gibt weltweit das einzige Phallusmuseum mit über 200 Exponaten:

kleinster Penis
Hamster: 2 mm

GRÖSSTER PENIS
Pottwal: 1,7 m

Es gibt eine App „Islendinga", die den Verwandtschaftsgrad zweier Isländer checkt. Hilfreich vorm ersten Date!

Die rechte Hälfte liegt auf der eurasischen Kontinentalplatte – die linke auf der nordamerikanischen. Beide entfernen sich jedes Jahr ungefähr 2 cm voneinander

2. Glückliche 24 Stunden

Ein tosender Wasserfall, über eine einsame Straße cruisen mit der besten Begleitung und isländischer Musik, ein gemütliches Café, ein leckeres Essen, eine einmalige Wanderung, ein unvergessliches Picknick, eine heiße Quelle, ein magischer Sonnenuntergang, interessante Menschen, eine inspirierende Ausstellung, ein lustiger Ausritt und eine atemberaubende Aussicht … Die folgenden 24 Stunden sind unsere ganz persönlichen Vorlieben für einen glücklichen Tag in den unterschiedlichen Regionen von Island. Tauche ein und lass dich treiben, genieße den Nektar und spüre den Puls. Viel Vergnügen und eine schöne Reise in „unser" Island. Alle Tipps der 24 Stunden finden sich auch in den Kapiteln und auf der Karte wieder.

Glückliche 24 h in:
Reykjavik, Golden Circle, Snæfellsnes, Norden

Glückliche 24 h in Reykjavík

13 Uhr

Wir genießen den Blick auf die Oper, schlendern eine Runde dort herum und ziehen weiter zum *15. Seabaron*, wo wir eine ausgezeichnete Hummercremesuppe verspeisen. Unweit entfernt liegen viele weitere erstklassige Lunch-Restaurants: *11. The Coocoo's Nest, 20. Mat Bar, 13. Fish Company* ...

11.30 Uhr

Wir spazieren hinunter zum Hafen, holen uns bei *24. Systrasamlagið* einen Saft zum Mitnehmen und schauen uns auf dem Weg ein paar der kreativen Geschäfte an: *34. Stígur Galerie, 32. Juwelier ORR, 31. Stefánsbúð/p3, 30. KIOSK, 28. Fishersund* und *29.Kirsuberjatréð.*

10 Uhr

Als Erstes wollen wir unbedingt die futuristisch wirkende *6. Hallgrimskirche* und den wunderbaren Blick von deren Kirchturm bewundern. Wir verbinden den Besuch mit einem Spaziergang durch den *4. Skulpturengarten* von Einar Jónsson.

9 Uhr

Reykjavík hat derart großartige Bäckereien, dass wir uns für ein zweites Frühstück entscheiden, wir gehen am liebsten zu *22. Bergsson Mathús, 27. Brauð & Co.* oder *26. Sandholt.*

14 Uhr

Unweit entfernt liegt die ungewöhnliche und kreative Ausstellungsfläche *2. Kling og Bang* und das *1. Living Art Museum*, wo wir einen Einblick in die berühmte isländische Künstlerszene bekommen ...

16 Uhr

Wir entschließen uns für einen Besuch im *7. Nauthólsvíkin*. Es handelt sich dabei um einen Strand am Meer, wo das Meerwasser durch geothermal erwärmtes Wasser auf eine angenehme Temperatur gebracht wird. Wem das noch zu kalt ist, der sollte einfach in den Hot Pot und gemeinsam mit den Locals den Blick auf das Meer genießen.

20 Uhr

Reykjavík bietet eine sensationelle Auswahl an vorzüglichen Restaurants: Unsere Favoriten sind das *9. Matur og Drykkur*, das *8. Aalto Bistro*, *11. The Coocoo's Nest* und *20. Mat Bar*.

23 Uhr

Die Nacht beginnt und wir gehen zuerst auf ein Bier in die *42. Kaldi Bar*, dann geht's weiter in die Szeneinstitution und Musikbar *41. Kaffibarinn* und anschließend geht es ab 1 Uhr zum Tanzen in den *40. Dolly Club*.

3 Uhr

Müde und glücklich fallen wir in unser Bett im *37. Kvosin Downtown Hotel*, im *38. Apotek Hotel* oder im gemütlichen *36. Reykjavík Treasure B&B*.

Glückliche 24 h in Snæfellsnes

13 Uhr

Wir erblicken den mystischen *71. Berg Kirkjufell* und unternehmen hier eine leichte Wanderung bis zum Fuß des Berges. Wen hier die Abenteuerlust packt, der kann den Berg bis zum Gipfel erklimmen.

11 Uhr

Die Wandersachen sind gepackt, wir steigen in unseren SUV und erkunden den *48. Snæfellsjökull-Nationalpark*. Am Weg bleiben wir noch bei dem schwarzen Lavastrand *76. Djúpalónssandur* stehen und davor beim *74. Fjöruhúsið Café* auf eine Stärkung.

9 Uhr

Wir beginnen den Tag mit einem Frühstück im *72. Hótel Búðir*, wo wir eine entspannte Nacht verbracht haben.

15 Uhr

Wir fahren weiter an der sagenhaft schönen Küstenstraße bis nach *Stykkishólmur*, wo wir mit *Masa & Theo* von *68. Stykkishólmur Slowly* verabredet sind. Die beiden haben für uns ein traumhaft schönes Picknick organisiert und es gibt frische Muscheln, leckeres Sauerteigbrot und Champagner! Ohne Termin geht es einfach in das ebenfalls leckere *67. Restaurant Narfeyrarstofa*.

16:30 Uhr

Wir nehmen die letzte Fähre auf die kleine *Insel Flatey* und verbringen hier einen herrlich romantischen Abend in dem gemütlichen *152. Hotel Flatey* und schlafen tief und fest an diesem Ort im Nirgendwo zwischen den Westfjorden und Snæfellsnes. Wer am Festland bleiben möchte, nächtigt einfach in Stykkishólmur im stilvollen *69. Hótel Egilsen* und macht am Nachmittag eine Wanderung auf den Berg *Helgafell*. Wer dies tut, ohne einen Blick zurückzuwerfen, der hat nach isländischer Sage drei Wünsche frei.

Solange wir hier auf der Halbinsel sind, besuchen wir regelmäßig das kleine Thermalbad *70. Lýsuhólslaug* und auf dem Rückweg nach Reykjavík schlafen wir noch eine Nacht unter den Sternen oder dem Nordlincht in der *63. Panorama Glass Lodge*.

11 Uhr

Uns ist auf unserer Tour etwas kühl geworden und unser Körper verlangt nach Entspannung und warmen Geothermalwasser. Dazu fahren wir bei gutem Wetter nach *49. Reykadalur* zum *warmen Fluss* (30 Minuten Wanderung erforderlich) oder zum versteckten *55. Hot Pool Hrunalaug* mitten in der Natur (nicht ganz leicht zu finden) oder wer es komfortabel mag, geht einfach zur *54. Secret Lagoon*, ein Schwimmbad mit Duschen und Umkleideräumen.

9 Uhr

Wir beginnen den Tag mit einem Frühstück in unserem Hotel in Reykjavík und machen uns auf zum historisch und geologisch eindrucksvollen *48. Pingvellir Nationalpark*. Wer das Abenteuer liebt, der kann hier zwischen der eurasischen und amerikanischen Kontinentalplatte tauchen oder schnorcheln gehen! Alternativ liegt auf dem Weg hierher die tolle *47. Laxnes Horse Farm*, von der aus Reittouren zum Strand möglich sind.

13 Uhr

Danach geht es auf jeden Fall zum Mittagessen zu *52. Friðheimar*. Wir sitzen herrlich
im riesigen Gewächshaus, essen die köstliche Tomatensuppe und staunen, wie hier
auf Island solch leckere Tomaten gedeihen.

15 Uhr

Im Anschluss erkunden wir das Geothermalgebiet bei *57.
Geysir* und *Strokkur*. Wir wandern den Hügel hinauf und
staunen über den Kontrast: auf der einen Seite befindet
sich eines der sehr wenigen Waldgebiete auf Island im *56.
Haukadalur* und auf der anderen Seite brodelt und dampft
es bei den Geysiren. Wir machen noch einen Halt bei dem
gigantischen Wasserfall *58. Gullfoss* und lassen uns hier
von seinem Getöse benebeln.

17 Uhr

Nun fahren wir bei schönem Wetter zum Picknick an
den idyllisch gelegenen Wasserfall *59. Hjalparfoss*.

20 Uhr

Wir freuen uns schon den ganzen Tag auf das Abendessen im
51. Tryggvaskáli. Von außen eher unprätentiös, aber innen
herrlich gemütlich mit herzlichem Service. Wir entscheiden
uns für das Vier-Gänge-Menü und genießen bei romanti-
schem Ambiente vorzügliche isländische Küche.

Glückliche 24 h im Norden

10 Uhr

Als nächstes fahren wir nach *Varmahlíð* zum Wildwasser-Rafting im Fluss *Húseyjarkvil*. Auf dem Rückweg kehren wir bei 138. *Gisli Eirikur Helgi Kaffihûs* ein und essen mit Blick auf den Hafen von *Dalvík* eine köstliche Fischsuppe und ein Stück Kuchen.

6 Uhr

Unser Tag auf der 142. *Deplar Farm* beginnt früh: Wir gehen zum allerersten Mal Fliegenfischen, früh am Morgen stehen die Chancen gut, einen Lachs zu fangen. Wir sind pünktlich zurück zum Frühstück, nachdem wir uns im Hot Pool aufgewärmt haben. Alternativ geht es ebenfalls früh los nach *Dalvík*, um von dort einen Tagesausflug auf die 141. *Insel Grímsey* auf dem Polarkreis zu unternehmen.

14 Uhr

Im Norden Islands gibt es so viele Abenteuer zu erleben. Während Tanja mit den Kindern bei Hauganes eine Walbeobachtungstour unternimmt, gehe ich an der Nordküste bei *Miklavatn* zum Surfen. Wenn wir doch lieber etwas gemeinsam unternehmen wollen, fahren wir auf die andere Seite der Halbinsel nach *144. Hofsós* und gehen in den einzigartigen Pool direkt an den Klippen mit sagenhaftem Blick auf das Meer und die Fjorde. In Hofsós kann man auch tolle Bootstouren nach *148. Drangey* unternehmen, aber das heben wir uns nach dem ereignisreichen Tag für morgen auf.

19 Uhr

Wir ruhen in unserem Zimmer etwas aus und am Abend fahren wir zum Sushi-Dinner nach Akureyri ins *Rub23* und hören uns ein Live-Konzert im *Græni Hatturinn* an. Danach geht es zurück in unser *140. Sigló Hotel* in Siglufjörður, in die *142. Deplar Farm* oder in unser gemütliches Ferienhäuschen.

Über glückliches Reisen

Warum eine Reise dein Leben verändern kann. Text: Tanja Roos

Island – dieses magische Land von Feuer und Eis hoch im Norden – übte schon immer eine ungeheure Anziehungskraft auf uns Skandinavienliebhaber aus. 2014 war es dann soweit: unsere erste Islandreise stand an. Geplant war ein Nectar & Pulse-Filmdreh mit Vilborg Arna Gissurardóttir, der ersten isländischen Frau, die alle Gipfel der sieben höchsten Berge inklusive dem Mount Everest erreicht hat. Unser Sohn Jonathan war damals gerade mal eineinhalb Jahre alt und wir fanden, Island sei das perfekte erste Reiseabenteuer für uns als Familie. Wir sollten Recht behalten, die Zeit dort war unvergesslich.

Wir starteten mit ein paar Tagen Reykjavík und der Halbinsel Snæfellsnes. Diese können wir nur jedem von Herzen empfehlen. Nach etlichen Wanderungen im Snæfellsjökull-Nationalpark im heißen Geothermalwasser zu entspannen, ist einfach herrlich. Ein paar Nächte im Hótel Búðir einchecken ist ebenso wundervoll, wie ein Abstecher ins Fjöruhúsið Café. Die unberührte, kontrastreiche Natur zu erleben, ist ein Geschenk. Der Wind, der einem um die Nase bläst, die tausend Wasserfälle, das satte Grün des Mooses, die wilden Pferde, die weiten, märchenhaften Lavafelder, die ewige Stille, das raue Meer, die Regentropfen im Ge-

sicht und gleich danach der Sonnenschein. Manchmal fühlt man sich, als würde ein Troll einen beobachten oder die Feen im Nebel tanzen. So gibt es auch nicht ohne Grund eine Elfenbeauftragte in Island, die bei Straßen und Bauprojekten beauftragt wird, um als eine Art Dolmetscherin für das „verborgene Volk" zu fungieren.

Skyr, Hummersuppe, getrockneter Fisch und Einstök Bier gehören zum täglichen Menü. Wir haben schon so viele Länder bereist, doch Island hat einen ganz besonderen Stellenwert in unserem Herzen. Es ist ein Ort, den man gerne in seinen Gedanken und seinem Herzen trägt. Für uns ist Island eine wunderbare Möglichkeit, sich einfach mal raus aus dem Alltag zu beamen. Vier Stunden Flugzeit von Berlin nach Reykjavík und rein ins Abenteuer. In die Einsamkeit. Zurück zur Natur. Man fühlt sich plötzlich ursprünglich. Als ob man dort angekommen ist, wo alles begonnen hat. Das Entstehen eines Landes, fast so jung und frisch wie man selber.

Und ja, Island kann auch gewöhnungsbedürftig sein. Eisig kalt oder über Tage verregnet, dunkel, einsam und etwas verstörend. Ohne Four-Wheel-Drive, Regenbedeckung von Kopf bis Fuß und einer

„Obwohl wir die Welt bereisen, um das Schöne zu finden, müssen wir diese doch mit uns tragen, sonst finden wir sie nicht." – Ralph Waldo Emerson

gefüllten Kreditkarte sollte man die Insel nicht betreten. Manche Locals heißen einen keineswegs so herzlich willkommen, wie es die Touristen-Webseiten uns gerne glauben machen, sondern sie können harsch, sonderbar und zum Teil wenig hilfsbereit sein. Mit anderen wiederum schließt man nach einer kurzen Eiszeit Freundschaften fürs Leben. Diese wundersame Insel zieht einen in seinen Bann und man möchte, fast süchtig, immer wieder dorthin zurückkehren.

Bei uns im Flur hängt bis heute ein Foto, das entstanden ist, als wir mit Jonathan in einer der heißen Naturquellen gebadet haben. Jedesmal, wenn ich es sehe, muss ich schmunzeln. Es hat ein ganz besonderes Gefühl so treffend eingefangen: ausgekühlt nach einer weiten Wanderung über einen Gletscher, das heiße Wasser auf seiner Haut spürend. Nur wir und die Natur. Sich voll und ganz lebendig fühlen. Und plötzlich entstehen all die Bilder Islands wieder vor meinem inneren Auge. Wie wir mit dem Defender gefühlt 50 Flüsse durchquerten, bei jedem dachten, wir schaffen es nicht, um dann nach langen Stunden Autofahrt endlich in der Hütte in Þórsmörk anzukommen. Müde, aber glücklich wurden wir belohnt: Grillen am Feuer und dazu das schönste Nordlicht! Es sind solche Mo-

mente, die einen immer wieder die Koffer packen lassen und die Reiselust wecken. Die einen demütig und dankbar machen, ein solches Leben führen zu dürfen, mit Familie und Freunden unvergessliche Erfahrungen zu machen und dabei sich selber und einander immer besser kennenzulernen. Das kann man in Island besonders gut. Das Land der Extreme.

Kräuter & Heilpflanzen

„Wir verbringen einen Großteil unseres Lebens damit, die Welt um uns herum zu erkunden. Aber manchmal ist es wichtig einen Moment innezuhalten und den Blick nach unten zu richten. Auf den Ort und die Stelle, wo man sich befindet. Die Welt in ihren ungeheuren Ausmaßen (Griff zeigt auf die Fjorde und Wasserfälle) ist atemberaubend schön, aber gerade hier im Norden Islands steckt das Wunder im kleinen Maßstab. Die Erde ist fruchtbar und hier wachsen Kräuter, Blumen und Pflanzen, die seit Jahrtausenden nur hier wachsen (er zeigt mir isländisches Heilkraut, wir essen Blaubeeren, machen Kräutertee) …" Jack Griffith „Griff" (Guide bei der Deplar Farm)

Common Butterworth

Bärentraube:
diverse medizinische Anwendungen
und zum Färben von Wolle

Gewöhnliches Wollgras:
Zur Herstellung von Kerzendochten
und als Kissenfüllung

Leimkraut

Blaubeere:
Zum sammeln und genießen

Pilze:
Wachsen auf Island überall,
doch der Verzehr bleibt den Kennern vorbehalten.

3. Local Soulmates

Eine Destination wird vor allem durch ihre Menschen zu dem, was sie ist. Wir haben hier jene porträtiert, die ihr Heimatland ausgezeichnet kennen und großzügig mit dir ihre Lieblingsorte teilen. Sie kommen aus den unterschiedlichsten Bereichen: Kulinariker, Outdoor-Fans, Bierbrauer & Unternehmer, Modedesigner, Künstler, Musiker, Picknick-Experten, Veganer, Autoren … Hier erfährst du, warum ihre Heimat in ihren Augen so besonders ist. Mache eine kleine Reise in das Leben und die Welt von inspirierten Isländern, die ihr Land und das Leben lieben.

Áslaug Snorradóttir

PICKNICK CHEF · KÜNSTLERIN · REDAKTEURIN

Wo wohnst du und woher stammt deine Familie?

Geboren bin ich in Stockholm, doch ich wohne seit meinem 13. Lebensjahr in Reykjavík. Meine Familie stammt einerseits von der Halbinsel Snæfellsnes und die andere Seite aus dem wunderschönen Aðalvík, dem äußersten Nordwesten Islands. Beide Ort haben eine besondere Energie und geben mir meinen inneren Frieden, Kraft und Freude. Besonders liebe ich es, dort wilde Kräuter und Blumen für meine Gerichte zu sammeln.

Was ist deine Passion und wie bist du dazu gekommen?

Meine Passion ist es, Geschichten zu erzählen und individuelle Erlebnisse in der Natur zu gestalten. Für mein erstes Buch *Icelandic Picnic* habe ich die ganze Insel bereist, um das Essen in der Natur aus unterschiedlichen Perspektiven zu erzählen. Meine Liebe zum Picknick stammt aus unserer Zeit in Schweden, wo das Essen in der Natur ganzjährig zur Kultur gehört.

Was sind deine persönlichen Lieblingsadressen als Food-Experte und Köchin auf Island?

An erster Stelle steht das Restaurant *Slippur* (Westmännerinseln), das von Gísli Matthias Auðunsson und seiner ganzen Familie auf sehr persönliche Art und Weise geführt wird. Er sammelt die Zutaten selbst, und sein Vater fängt täglich frischen Fisch für das Restaurant. Das *Vallanes* ist eine organische Farm im Osten Islands, wo die Inhaber Eymundur and Eygló alle Zutaten selbst anbauen. Es ist friedlich und macht glückselig, dort ein paar Tage im B & B ihrer Farm zu übernachten. *Tjöruhúsið Ísafjörður* (Westfjorde) empfehle ich für fangfrischen Fisch, *Slowly Stykkishólmur* (Snæfellsnes) für sensationelle und individuelle Outdoor-Picknick-Erlebnisse, *Matbar* (Reykjavík) für modern kreative isländische Küche, *Aalto bistro* (Reykjavík) im Nordischen Kulturhaus, gestaltet vom finnischen Architekten Alvar Aalto, *Sisterhood bliss bar* (Café) für Säfte, Porridge und Meditationen am Mittwochmorgen, *Kirsuberjatréð* (Reykjavík), schöne handgemachte Design-Pieces und traumhafter Schmuck von Hulda, *Stigur Gallery* (Reykjavík), *Bjarni Viðar Sigurðsson Studio* (Reykjavík) hat die schönste Keramik und *Orr* (Reykjavík) Kjartans Schmuck sind wahre Kunstwerke.

*Meine Passion ist es,
Geschichten zu erzählen und
individuelle Erlebnisse in der
Natur zu gestalten.*

Was muss man auf Island unbedingt erlebt haben?

Meine Heimat Aðalvík, im Hornstrandir Nationalpark in den stillen Westfjorden. Es dauert nur etwa eine Stunde mit dem Boot von Ísafjörður. Hier gibt es kein Internet, kein Netz und keine Elektrizität – nur pure Natur. Die beste Entspannung heutzutage. Ich war diesen Sommer mit meiner Familie dort und wir machten Yoga im Blumenfeld, sammelten Blumen und Kräuter für unseren Salat, angelten Fisch zum Grillen und hatten einen wundervollen Tag.

Was sind deine Lieblingserlebnisse in der Natur?

1. Auf der Reykjanes Halbinsel liebe ich den Spaziergang um den See Kleifarvatn, einen Besuch in dem kleinen Fischerdorf Grindavík, dort mit Locals in einem der Restaurants sitzen und auf das Meer und die Wellen hinausblicken.
2. Hingebungsvoll in eines der lauschig weichen, moosbewachsenen Lavafelder in der Region um Kirkjubæjarklaustur legen und tief einatmen.
3. Die Leere des isländischen Hochlandes in Kjölur und Sprengisandur erfahren. Das ist der perfekte Ort, um neue Ideen zu entwickeln.
4. Im südlichen Teil der Halbinsel Snæfellsnes umherwandern und die Vielfalt der Natur bewundern.

Wo ist dein persönlicher „happy place"?

Ich liebe den nur 20 Minuten von Reykjavík entfernten Campingplatz *Mosskógar*.

Jón ist ein leidenschaftlicher Farmer und baut hier herrliches Gemüse, Salate und Blumen an. Und jeden Samstag gibt es hier im Sommer einen Markt, an dem die umliegenden Bauernhöfe ihre Produkte anbieten. Dort wird in riesigen Pfannen Paella gekocht, und wenn schlechtes Wetter ist, wird das Kochen ganz einfach in das Gewächshaus verlegt.

Wenn du eine Sache auf Island ändern könntest?

Mehr Gewächshäuser, organische Farmen und Nachhaltigkeit.

Eygló Lárusdóttir

MODE-DESIGNERIN · KUNSTLIEBHABERIN · GEBÜRTIG AUS REYKJAVÍK
kioskreykjavík.com · @eygloreykjavík

Was ist deine persönliche Geschichte?

Ich bin in einem kleinen Vorort von Reykjavík geboren, 15 Minuten vom Zentrum entfernt. Ich lebe also schon immer hier und könnte mir nie vorstellen, woanders zu wohnen. Die Stadt ist kreativ und vielseitig. Deshalb habe ich so gern meine Boutiquen hier, in denen ich Mode isländischer Labels verkaufe. Ich war etwa 18 Jahre alt, als ich eines Morgens aufwachte und wusste, dass ich Modedesign studieren wollte. Heute besitze ich den KIOSK und zwei weitere wunderbare Modeboutiquen in Reykjavík und freue mich über meinen damals eingeschlagenen Weg.

Was sind deine Lieblingsorte in Island?

Als erstes: Ich liebe Reykjavík! Die Stadt ist entspannt und ruhig, und gleichzeitig hat sie eine spannende und sehr lebendige Musik-, Design- und Kunstszene. Es gibt hier in der Stadt so viel zu entdecken, und natürlich ist die Natur, die uns umgibt, einfach atemberaubend. Besonders liebe ich das Hochland, wo es so einfach ist, vollständig für sich alleine in der Natur unterwegs zu sein. Ich kann auch stundenlang am Strand sitzen und die Leere in mir genießen. Was immer ich in der Natur unternehme, es geht nicht um Inspiration, sondern darum, sich mit seinem Selbst zu verbinden und in sein inneres Gleichgewicht zurückzufinden.

Wenn Island ein Mensch wäre ...?

... wäre er spontan, roh, rauh, witzig und regelmäßig depressiv.

Was sind deine Lieblingsadressen in Reykjavík?

Ich mag die spanische Tapas-Bar *Spánski*, die direkt neben meinem Laden KIOSK liegt. Außerdem gehe ich gern zum Lunch in das *Messinn*, wo es hervorragende Fischgerichte gibt, und die Markthallen *Hlemmur* und *Grandi* sind auch immer ein Erlebnis. Die besten Modeboutiquen sind *Kiosk*, *Stefansbud/p3* und *Kvartýra 49*. Die besten Galerien sind *Gallery Port*, *Kling og Bang* und *Nýló* im Marshall House. Außerdem ist *Fischer* ein einzigartiger Laden, der eher einer Galerie ähnelt.

Was muss man in Island erlebt haben?

Auf jeden Fall das LungA-Musik-Festival in Seyðisfjordur. Es findet jedes Jahr im Juli statt. Außerdem lohnt sich ein Besuch auf der *Havarí Farm*, es ist ein toller und witziger Ort für Konzerte und ein super Restaurant im abgelegenen Osten Islands, in Berufjörður.

Was ist deine Lebensphilosophie?

Tu was du liebst, auch wenn es heißt, eine gewisse Zeit lang ziemlich pleite zu sein.

Island als Mensch wäre spontan, roh, rauh, witzig und regelmäßig depressiv.

Im Gespräch mit

Sigurður Bragi Ólafsson

BRAUEREIMEISTER · PIONIER IN ISLANDS HOHEM NORDEN
bruggsmidjan.is

Im hohen Norden Islands traf ich Sigurdur Bragi Ólafsson, kurz Siggi, auf ein Bier und einen Kaffee in seiner Brauerei in Árskógssandur, wo er mir offen und ehrlich seine spannende Familiengeschichte erzählte. Ich war zutiefst gerührt und möchte hier einen Auszug davon wiedergeben, da sie ein Stück aktueller Zeitgeschichte Islands darstellt.

„Meine Eltern haben unsere Brauerei 2005 hier in Árskógssandur eröffnet. Sie gilt als die erste Mikrobrauerei in Island. Das war etwas Besonderes sowohl für Island – seit der Wiederaufhebung der Prohibition im Jahr 1989 war sie die erste familiengeführte Brauerei Islands – als auch für unsere Familie, die eigentlich seit Generationen im Fischfang arbeitete. Meine Mutter ist hier geboren und aufgewachsen und schon mein Großvater hat sein gesamtes Leben als Fischer in Árskógssandur verbracht. Mein Vater hingegen kommt aus dem Süden, aus dem Fischerort Grindavík. Meine Eltern lernten sich früh kennen und meine Mutter wurde schnell schwanger. Also hat mein Vater bis zur Hochzeit einfach bei ihr im Garten gezeltet, denn vor der Ehe war es nicht erlaubt im gleichen Haus zu wohnen. Mein Vater hat dann ebenfalls hier in Árskógssandur 26 Jahre lang als Fischer gearbeitet, bis er mit seinem Bot einen Unfall hatte und sich derart unglücklich verletzte, dass er nicht mehr als Fischer arbeiten konnte. Zu dieser Zeit hatten meine Eltern vier Kinder und über zwei Jahre hinweg keine Einkünfte, weil es keine Arbeit im Ort gab. Im Jahr 2005, kurz bevor unsere Familie vor dem Bankrott stand, sah meine Mutter einen Bericht über Brauereien in Dänemark und beschloss daraufhin, eine eigene Brauerei in Árskógssandur zu eröffnen. Sie hatte mit der Arbeit eines Bierbrauers keinerlei Erfahrung, trotzdem überzeugte sie meinen Vater. Sie fuhren zuerst nach Dänemark und dann über das isländische Konsulat nach Tschechien, um einen Braumeister kennenzulernen, der uns drei Jahre lang nach Island begleitete, um die Grundsteine für das Brauereihandwerk zu legen. Für den Bau der Brauerei bekamen meine Eltern kein

42

Meine Mutter war schon immer die Visionärin und mein Vater, ich und meine Brüder die Macher.

Geld von der Bank, denn weil wir nicht in Reykjavík ansässig waren, sah man keine Zukunft für unser Geschäftsmodell. Meine Eltern sammelten daraufhin Geld von der Familie, von Freunden und Bekannten und machten die Brauerei auf eigene Faust auf. Zum Bau kamen Handwerker aus der ganzen Region, und alle haben gemeinsam geholfen, den Traum wahr werden zu lassen. Bis heute sind viele bekannte Investoren in unserer Brauerei. 2007 haben wir bereits 150.000 Liter Bier mit drei Angestellten verkauft, und seit 2017 haben wir das meistverkaufte Flaschenbier Islands. Inzwischen arbeiten 30 Personen in unserer Brauerei, das sind 10 % der Stadtbevölkerung. Ich bin seit meinem 16. Lebensjahr mit dabei und seit nunmehr sechs Jahren der Braumeister. Mein Großvater ist heute 80 Jahre alt und fährt immer noch zum Fischen oder hilft in der Brauerei aus. Mein kleiner Bruder arbeitet heute auf dem Boot, das mein Großvater damals gekauft hat, und fährt täglich raus aufs Meer. Ich selbst bin verheiratet, habe zwei Kinder und meine Frau ist wieder schwanger. Die nächste Generation wächst also heran. Meine Mutter war schon immer die Visionärin und mein Vater, ich und meine Brüder die Macher. Wir vertrauen ihren Ideen und sind ihr sehr dankbar dafür, denn ohne sie wüssten wir nicht, wo wir heute stehen würden. Auch unser neues Restaurant und das Bierspa mit Sauna und Hot Pool am Meer war ihre Idee. Wie zuvor haben wir auch hier Investoren gesucht und Islands Kapitän der Fußballnationalmannschaft, Aron Gunnarsson, ist nun wichtiger Teilhaber.

Siggi's Empfehlung für seine Region: Walbeobachtung in *Hauganes*, Konzerte in Akureyriys bester Musiklocation *Græni Hatturinn*, Wildwasser Rafting in *Varmahlið* am Fluss *Húseyjarkvil* oder abenteuerliche Kajaktouren auch über mehrere Tage.

Bjarki Thorlaksson

ISLAND-SURFER · ABENTEURER · TOUREN-FÜHRER
adventurevikings.is · @adventurevikings

Was machst du beruflich?

Ich bin der Gründer von *Adventure Vikings*. Wir veranstalten Touren und Abenteuer in Island. Bevor ich mich selbstständig gemacht habe, gab es eine Zeit, als meine drei besten Freunde und ich jeden Tag im Büro vor dem Computer gesessen sind. Wir wollten gemeinsam etwas Neues machen und begannen Surfkurse in Island anzubieten. Das lief super und so haben wir mehr Touren recherchiert und organisiert: Schnorcheln in Silfra/Þingvellir, Wandern auf Gletschern, Schwimmen im arktischen Meer und vieles mehr. Nun führe ich mit Adventure Vikings seit acht Jahren Menschen durch die spannende Natur Islands und sitze heutzutage wieder täglich am Schreibtisch, so wie in der Zeit zuvor. :) Ich versuche so viele Touren wie möglich selbst zu leiten, um rauszukommen.

Was sind die beliebtesten Touren?

Unsere Schnorcheltour in *Silfra im Þingvellir*. Das Wasser ist kristallklar und es ist atemberaubend, wenn man sich bewusst macht, zwischen der eurasischen und amerikanischen Kontinentalplatte in die Tiefe zu tauchen. Es gehört auf besondere Art zu den schönsten Süßwasser-Schnorchelgebieten der Welt. Wer sich fragt, wie man das kalte Wasser erlebt, einfach ausprobieren. Wir bieten sowohl das Schnorcheln mit Trockenanzug als auch mit Neoprenanzug an.

Woher kommst du?

Ich lebe heute in Reykjavík, aber ich bin in einer kleinen Stadt namens *Ísafjörður* in den Westfjorden aufgewachsen, wo auch meine Eltern herkommen. Dort leben heute nur etwa 3.000 Menschen. Es war wunderschön die Kindheit dort zu verbringen, denn man hat sowohl die Berge als auch das Meer als seinen natürlichen Spielplatz. Und das ist es auch, was Island besonders macht: Es gibt immer noch so viele Orte, wo niemals zuvor jemand war, also im wörtlichen Sinne unberührte Natur! Das findet man am besten in den *Westfjorden* oder im *Hochland Islands*.

Wohin mit einem Freund?

Ich würde ihn auf jeden Fall auf den berühmten Bergwanderweg namens *Fimmvörðuháls* mitnehmen. Dort gibt es unzählige Wasserfälle, den Vulkan *Eyjafjallajökull*, Gletscher, sagenhafte Natur und alle möglichen Arten von Klimazonen. Der Weg endet im schönen *Þórsmörk*. Es gibt nichts Schöneres, als mit Freunden dort zelten, wandern, arktische Füchse und Nordlichter beobachten und Frieden finden. Daneben ist natürlich ein Besuch in einem natürlichen *Hot Pool* ein absolutes Muss!

Ich habe kein Lieblingsrestaurant, aber mein Leibgericht ist gegrilltes Schafsfleisch inmitten unberührter Natur über offenem Feuer.

Die Vorstellung an Orte zu wandern, wo vorher noch niemand gewesen ist, begeistert mich auch heute noch.

Berglind & Svavar

MUSIKER · GASTGEBER · VISIONÄRE
havari.is

Bitte erzählt uns eure Geschichte, wie ihr diesen kreativen Szeneort Havarí Farm im weiten Osten Islands gegründet habt?

Wir sind beide ursprünglich aus Reykjavík und so war es für uns ein großer Umbruch auf die Farm zu ziehen. Svavars Eltern kommen eigentlich sogar aus Islands Osten: sein Vater aus Höfn und seine Mutter aus dem Haus Berunes, das gleich neben unserer Farm liegt. Wir gingen also zurück zu unseren Wurzeln. Berglinds Vater kommt auf Ísafjörður in den Westfjorden und Svavars Vater aus Deutschland. Der Umzug von Reykjavík aufs Land gab uns die Freiheit unsere verschiedensten Ideen und Träume auszuleben. Ein Weg alles in einem Ort zu verbinden: Familie, Musik, Kunst und Kulinarik.

Island hat eine berühmte Musikszene, was macht sie besonders?

Die Musikszene in Island ist wie eine große glückliche Familie – meistens. Es gibt so viele Kooperationen und die Konkurrenzsituation wird im Großen und Ganzen sehr fair und kreativ gelebt. Wegen der geringen Einwohnerzahl ist es super einfach, sich mit anderen auszutauschen und Newcomer aufzunehmen. Wie überall auf der Welt war es in der Vergangenheit für Frauen herausfordernd sich zu behaupten, doch hier ist viel im Umbruch. Und hier haben wir natürlich das beste Role-Model überhaupt: Björk! Es ist großartig ein Teil dieser Szene zu sein.

Warum habt ihr gerade den Osten der Insel als neues Zuhause gewählt?

Die *Havarí Farm* hat uns ausgewählt! Die Umgebung ist atemberaubend. Die Farm steht zwischen einem Berg und dem weiten Meer in der Nähe unseres kleinen Dorfes *Djúpivogur*. Ganz in der Nähe steht zudem der für uns schönste Berg Islands: Búlandstindur. Überraschend ist auch, dass immer mehr junge Leute nach ihrem Studium in ihre alte Heimat hier in den Osten ziehen.

Wie erlebt ihr den Unterschied zwischen Sommer und Winter?

Der Sommer ist super beschäftigt, chaotisch und viel viel Spaß! Wir haben viele Gäste, Touristen, Freunde, Familie und Musiker bei uns, ein toller Mix! Im Winter pendeln wir zwischen Reykjavík und hier, für unsere anderen Projekte: unsere veganen Würste Bulsur und unser Musik-Label Prins Póló. Besonders freuen wir uns auch auf unseren Winterurlaub, wenn Freunde unsere Farm weiterführen.

Alle Tipps von uns finden sich im Kapitel Osten. Viel Spaß.

Wir lieben es große Ideen
schnell zu realisieren und unser
Leben immer mal wieder auf
den Kopf zu stellen.

Hildur Yeoman

MODE-DESIGNERIN
hilduryeoman.com · @hilduryeoman

Woher kommst du?

Ich wurde in Reykjavík geboren und bin hier aufgewachsen mit viel Natur und Abenteuer. Heute lebe ich nur fünf Minuten entfernt von meinem Studio im Zentrum von Reykjavík.

Was machst du beruflich?

Sagen und Mythen gehören in Island sehr zu unserer Kultur und auch ich habe es schon immer sehr geliebt Geschichten zu erfinden und zu erzählen. Als Kind habe ich angefangen, meine Gedanken in Bildern auszudrücken und das brachte mich Jahre später zum Modedesign. Denn das begeistert mich an meinem Beruf am meisten: durch Mode Geschichten zu erzählen, meine eigenen und die Islands.

Was liebst du persönlich am meisten an Island?

Das schönste für mich ist, hier so nah und verbunden mit der Natur, meiner Familie und meinen Freunden leben zu können. Das ist für mich eine tiefe Quelle der Inspiration und der Glückseligkeit.

Was sind deine persönlichen Lieblingstipps in Island?

Restaurants: Im *Snaps* treffe ich mich meistens mit meinen Freunden nach der Arbeit. Café: *The Secret Garden* ein vegetarisches Café mit unglaublich leckeren Kuchen.
Kultur: *Kling og Bang* ist meine absolute Lieblingsgalerie und Ausstellungsfläche für junge isländischen Künstlern. Sie befindet sich im *Marshall House* direkt am Meer. Ausserdem mag ich besonders den *Skulpturengarten* des Künstlers Einar Jónssons.
Shops: natürlich mein eigener: *Yeoman* in der Skólavörðustígur – ich fülle ihn jede Saison aufs Neue mit all meinen Lieblingsstücken und -marken und sonstigen Schätzen.

Was darf man bei einem Besuch in Island auf keinen Fall auslassen?

Die Schwimmbäder sind einfach das Beste, was Island zu bieten hat. Egal ob es eine natürliche Quelle mitten in der Natur ist oder ein öffentliches Schwimmbad. Beides sind echte, authentische Erlebnisse. Besonders mag ich den *Hot Pool in Hveragerði* und die umliegenden Blumenwiesen. Der Ort ist perfekt für einen Ausflug an einem sonnigen Sonntagnachmittag.

Gibt es für dich einen besonders magischen Ort?

Es gibt in Island viele solcher Orte. Momentan bin ich überwältigt und völlig besessen von den *Westfjorden*.

Momentan bin ich überwältigt
und völlig besessen von der
wunderschönen Einsamkeit
und der wilden Natur in
den Westfjorden. Sie sind
wahrlich magisch!

Áslaug Barðadóttir

WESTFJORD-EXPERTIN · GUTE SEELE DER DEPLAR FARM
elevenexperience.com

Wo kommst du her?

Meine Familie und ich kommen aus Bolungarvik in den Westfjorden. Island liegt zwar bis auf die kleine Insel Grimsey südlich des Polarkreises, doch in meiner Heimatstadt sehen wir tatsächlich im Winter über etwa zwei Monate kein direktes Sonnenlicht. Wenn uns die ersten Sonnenstrahlen im Februar wieder erreichen, haben wir eine Tradition: im ganzen Dorf backen wir große runde Pfannkuchen, wir nennen sie Sonnenkuchen. Wir feiern damit gemeinsam den Beginn einer neuen Jahreszeit. Ich könnte mir den isländischen Winter auch in anderen Regionen Europas prinzipiell gut vorstellen, doch tatsächlich war ich nie länger als drei Wochen entfernt aus meiner Heimat Island. Damals war ich 18 Jahre alt und in Dänemark.

Wieso arbeitest du nun auf der Deplar Farm im Norden Islands?

Der Norden hat gewisse Ähnlichkeit mit den Westfjorden. Es ist sehr friedlich und einsam, es gibt diese majestätischen Fjorde und lange Strände, an denen man völlig alleine sein kann. Als ich hierher kam habe ich erfahren, dass mein Urgroßvater viele Jahre hier auf der Deplar Farm als Hirte gearbeitet hat und mein Großvater tatsächlich in einem Haus weiter am See geboren wurde, welches heute noch der Nichte meines Großvaters gehört. Sie sind dann wieder zurück in die Westfjorde gegangen, doch erkennt man wie klein die Insel doch ist und wie sehr jeder mit jedem verbunden ist. Deshalb nutzen wir auch alle eine App, in der wir sehen können, wie man mit seinem Gegenüber verbunden ist. Es ist sehr häufig, dass man gemeinsame Wurzeln vor vier oder fünf Generationen hatte. Meinen eigenen Stammbaum kann ich bis zum Ende des 18. Jahrhunderts zurückverfolgen. Ich habe drei Geschwister, doch meine Großmutter ganze zehn!

Was sind deine Lieblingstipps in den Westfjorden?

Die findet ihr alle in Kapitel Westfjorde. Ich kann sie jedem, der nach Island kommt wärmstens empfehlen. Island kann im Sommer sehr voll werden und dort findet man nach wie vor das „wahre" und ursprüngliche Island. Hier begann auch die Besiedelung der Insel: Hrafna-Flóki Vilgerdarson ist der Entdecker und erste Siedler auf Island. Ich empfehle die spannende Geschichte nachzulesen. Er entdeckte Island im Südosten bei Höfn, ging jedoch unmittelbar am heutigen Hellulaug in Flókalundur an Land und verbrachte hier mit seinen Männern zwei Jahre, bevor er zurück nach Norwegen segelte.

Ich empfehle jedem, der nach
Island kommt auch die
unentdeckten Westfjorde
zu besuchen.

4. Reykjavík

Reykjavík ist die älteste Siedlung Islands und die heutige Hauptstadt mit 120.000 Einwohnern. Sie ist Zentrum für die kreativen Künste, von Musik, über Ausstellungen und Architektur bis hin zu Keramik und trendigen Concept Stores. Hier finden sich ausgezeichnete Restaurants und eine himmlische Hummercremesuppe.

Interessante Orte:
Hallgrimskirche, Harpa Konzerthaus, junge Künstler im Kling og Bang, isländisch Essen im The Coocoo's Nest, Hummercremesuppe am Hafen bei Seabaron und die Kunstgalerie Stígur Gallery.

Einteilung:
Kultur · Aktivitäten · Restaurants · Cafés · Shops · Hotels

1. THE LIVING ART MUSEUM

REYKJAVÍK • KULTUR
Grandagarður 20

Das Living Art Museum ist – wie der Name schon verrät – einiges mehr als „nur" Ausstellungsraum. 1978 mit dem Bestreben eröffnet, die lokale Kunstszene um zeitgenössische Werke zu erweitern, finden sich in dem von Künstlern geführten non-profit space Installationen, Performances und wechselnde Events. Dabei wird nicht nur präsentiert, sondern die Rolle der Kunst hinterfragt und diskutiert. Mitmischen erwünscht!

2. KLING OG BANG

REYKJAVÍK • KULTUR
Grandagarður 20

Auch Kling og Bang ist von Künstlern für Künstler entstanden. Im Jahr 2003 mit zehn Mitgliedern eröffnet, zeigt die Galerie am alten Hafen der Stadt sowohl lokale Kunst als auch kollaborative Ausstellungen. Direkt nebenan befindet sich übrigens das Island-Studio des in Berlin ansässigen Künstlers Ólafur Elíasson sowie das angesagte Restaurant Marshall – genug Programmpunkte für einen ereignisreichen Nachmittag.

3. HARPA KONZERTHAUS

REYKJAVÍK • KULTUR
Ingólfsstræti 2a

Das ikonische Gebäude Harpa wurde von dem aus Island stammenden und mittlerweile in Berlin lebenden Architekten Ólafur Elíasson gestaltet und beherbergt sowohl das Symphonieorchester als auch die Oper. Die spektakuläre Fassade besteht aus dichroitischem Glas und reflektiert das einfallende Licht vielfältig je nach Wetterlage. Das Gebäude gilt als das moderne Wahrzeichen Islands.

4. EINAR JÓNSSON SKULPTURENGARTEN

REYKJAVÍK • KULTUR
Eiríksgata

Als einer der ersten Bildhauer Islands hat Einar Jónsson die Kunstszene Islands maßgeblich geformt – nicht nur mit seiner Arbeit, sondern auch seiner Großzügigkeit: Unter der Bedingung, dass damit ein Museum eröffnet werden sollte, gab er sein gesamtes Lebenswerk ab. In unmittelbarer Nähe zur Hallgrimskirche befindet sich dieser kreativ ungewöhnliche Skulpturengarten, der einen spannenden Ausflug in die isländische Folklore erlaubt.

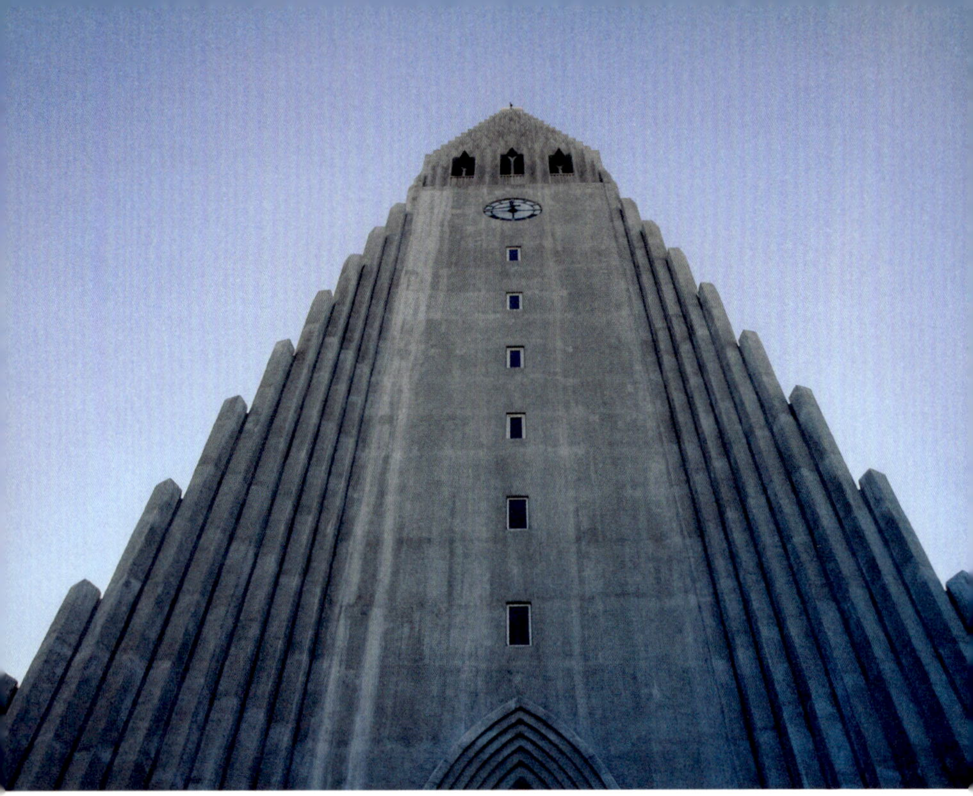

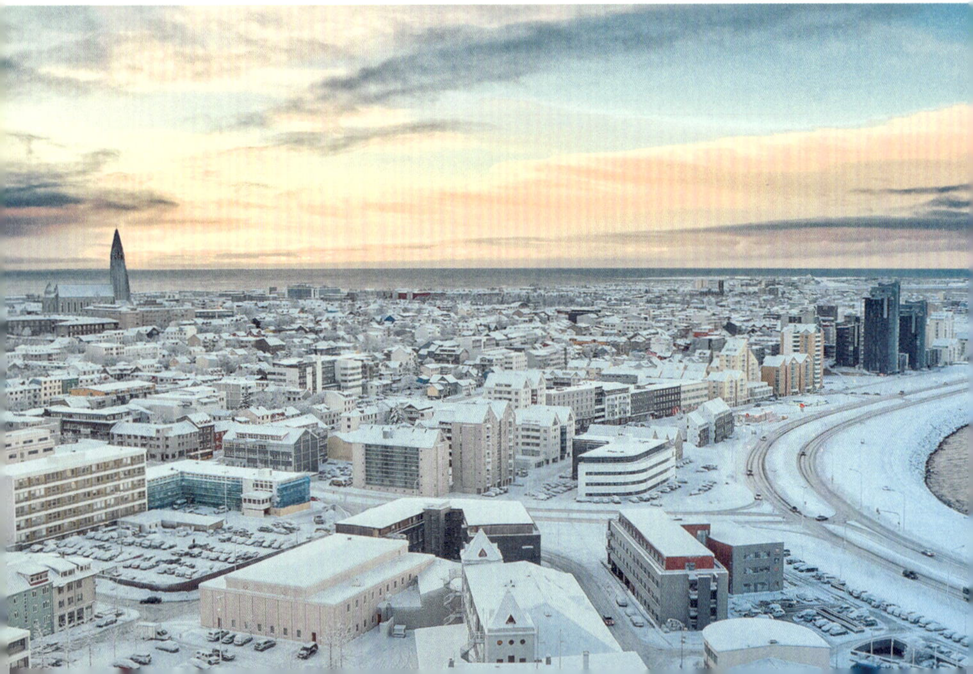

5. GALLERY PORT

REYKJAVÍK • KULTUR
Laugavegur 23

Der Eingang zur Gallery Port ist nicht ganz einfach zu finden. Wer es dann aber geschafft hat, wird mit einer eklektischen Mischung junger Kunst belohnt. Von Streetart bis zu skulpturalen Arbeiten findet hier jeder Freund zeitgenössischer Kunst Grund zum Staunen. Und wer Glück hat, kommt genau zur richtigen Zeit zu einer Ausstellungseröffnung. Für ausgiebige Feiern ist Gallery Port nämlich auch bekannt.

6. HALLGRIMSKIRCHE

REYKJAVÍK • KULTUR
Hallgrímstorg 101

Bei unserer Reise durch Island wirken die winzigen Kapellen wie verloren oder hineingemalt in die epische, teils bizarre Landschaft Islands. Die eindrucksvolle Hillgrimskirche thront hingegen zentral auf einem Hügel über Reykjavík. Die vielen symmetrisch angeordneten Betonpfeiler symbolisieren die Basaltsäulen, die bei einer charakteristischen Erstarrung von Lava entstehen und überall auf Island zu finden sind. Der Ausblick vom Turm über die Stadt ist einzigartig.

7. NAUTHÓLSVÍK

REYKJAVÍK • ERLEBNIS
Nauthólsvegur

Wer eine Alternative zur Blauen Lagune sucht, ist hier genau richtig. Die geothermale Lagune mit gold-gelbem Sand ist ein Paradies für Badenixen und Abenteurer. Das Meerwasser wird hier durch geothermale Heißwasserquellen aufgewärmt auf Temperaturen zwischen 15 und 19 Grad. Die Temperaturen können zwar mit denen aus der blauen Lagune (37 Grad!) nicht mithalten, aber dafür erlebt man hier authentisches Reykjavík mit vielen Locals und weniger touristischem Trubel.

8. AALT0 BISTRO

REYKJAVÍK • RESTAURANT
Sæmundargata 11 • aalto.is • +354 551 0200

Das Restaurant liegt etwas außerhalb am Park Hljómskálagarður in einem Kulturzentrum, das vom berühmten finnischen Architekten Alvar Aalto gestaltet wurde und ebenfalls eine herrliche Bibliothek enthält. Küchenchef Sveinn Kjartansson führt das Bistro und kocht mit Liebe und Kreativität moderne isländische Küche. Regelmäßig finden hier auch Ausstellungen und Events statt.

ARCHITEKTUR & KULINARIK:

8. Aalto Bistro

SÆMUNDARGATA 11

9. MATUR OG DRYKKUR

REYKJAVÍK • RESTAURANT
Grandagarður 2 • maturogdrykkur.is • +354 571 8877

Kann Tradition überraschen? Wer bei Matur og Drykkur isst, schmeckt die Antwort. Direkt neben dem Saga Museum gelegen wird in diesem Restaurant ebenfalls sagenhaft gekocht; eine Ode an die traditionelle Küche mit einem kreativen Twist, der sowohl für Spaß als auch ungewöhnliche Geschmackserlebnisse sorgt. Hier sind übrigens auch Vegetarier bestens versorgt!

10. FISKMARKAÐURINN

REYKJAVÍK • RESTAURANT

Aðalstræti 12 • fiskmarkadurinn.is • +354 578 8877

Wie der Name schon verrät, spielt hier Fisch die Hauptrolle. Und auch wenn das À-la-carte-Menü mehr als verlockend klingt, sollte man Zeit (und ein paar Kronen mehr) mitbringen und sich am liebsten in großer Runde das Tasting Menu gönnen – mit dem Besten von den lokalen Fischmärkten, genauso aufregend zubereitet wie serviert. Einen Vorgeschmack bekommt man schon beim Besuch der kunstvollen Website.

13.

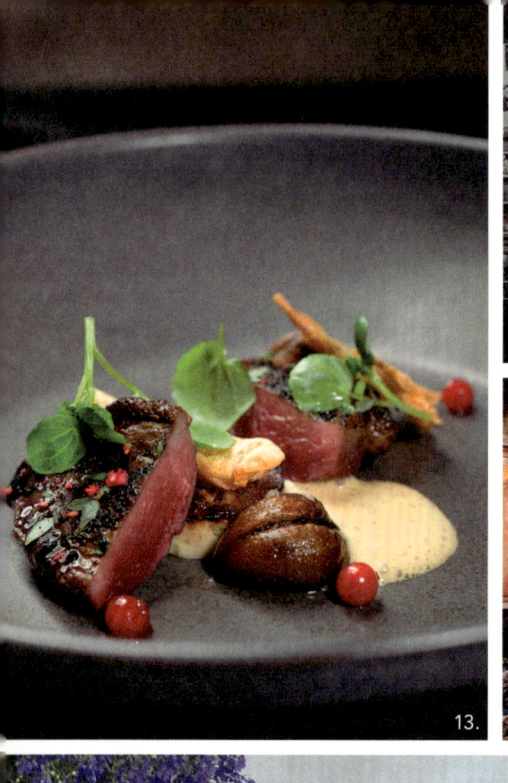

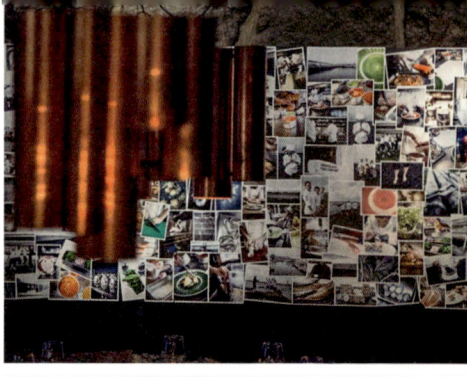

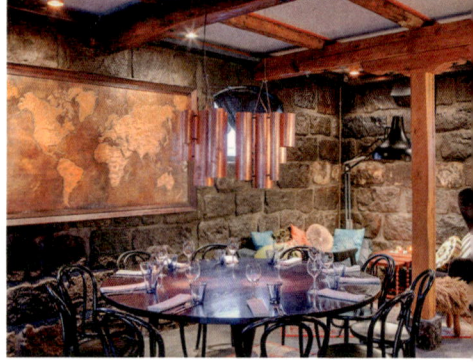

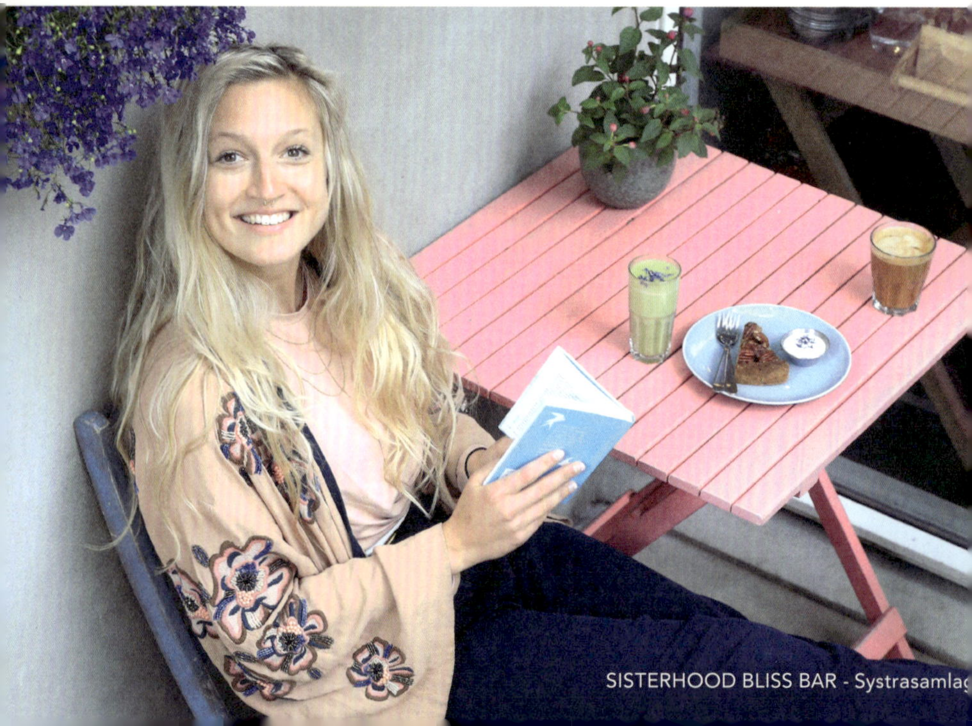

SISTERHOOD BLISS BAR - Systrasamlag

11. THE COOCOO'S NEST

REYKJAVÍK • RESTAURANT
Grandagarður 23 • coocoosnest.is
+354 552 5454

In diesem Kuckucksnest fühlt man sich garantiert Zuhause. Das familiengeführte Lokal bietet kalifornische Küche mit italienischen Einflüssen und das mitten in Reykjavík. Die Menüs und die Preise sind jeweils klein, die Qualität erstklassig. Unbedingt die Sandwiches mit hauseigenem Sauerteigbrot probieren!

12. BÆJARINS BEZTU PYLSUR

REYKJAVÍK • RESTAURANT
Tryggvagata 1 • bbp.is • +354 511 1566

Die Schlange ist oft so lang wie bei uns zuhause in Berlin vor Mustafas Dönerladen in Kreuzberg. Aber wie der Kebab in Berlin, so ist auch dieser Hotdog köstlich und typisch Island.

13. FISH COMPANY

REYKJAVÍK • RESTAURANT
Vesturgata 2 a • fishcompany.is • +354 552 5300

In einem Gebäude aus dem Jahr 1884 liegt nun Fish Company, geführt vom mehrfach ausgezeichneten Chefkoch Lárus Gunnar Jónasson. In der fast schon altertümlichen Umgebung, die mit Designelementen wie Stühlen von Tom Dixon überrascht, wird von Fisch bis Lamm alles verkocht, was das isländische Umland zu bieten hat. Unbedingt reservieren.

14. APOTEK RESTAURANT

REYKJAVÍK • RESTAURANT
Austurstræti 16 • apotekrestaurant.is
+354 551 0011

Island und Südamerika haben nichts miteinander zu tun? Zu viele Köche verderben den Brei? Nicht, wenn man noch eine Prise Mitteleuropa mit in den Kochtopf schmeißt. Das Ergebnis? Gar nicht so wild, aber verdammt lecker. In stylischer Atmosphäre bietet Apotek „sharing plates", die vom Argentinischen Grill(gut) bis zur lokalen Küche – wie Wal! – reichen.

15. SEABARON

REYKJAVÍK • RESTAURANT
Geirsgata 4a • saegreifinn.is • +354 553 1500

Im alten Hafen von Reykjavík empfehlen wir im Seabaron die beste Hummersuppe der Stadt zu probieren. Und danach noch zu Valdis auf ein leckeres Eis.

16. SNAPS BISTRO

REYKJAVÍK • RESTAURANT
Þórsgata 1 • snapsbistro.is • +354 511 6677

Oft findet man zwar das perfekte Restaurant, aber genau zur falschen Tageszeit. Im Fall von Snaps Bistro ist das schier unmöglich. Ob Frühstück, Lunch, Aperitif oder Dinner: Hier bekommt man alles geboten. Das Club Sandwich ist genauso legendär wie das Gin-Tonic-Menü und der „Fang des Tages" aus dem Ofen.

DIREKT AM HAFEN:

11. The Coocoo's Nest

GRANDAGARÐUR 23
(wärmstens empfohlen von Local Soulmate Áslaug)

18.

18.

17. MESSINN

REYKJAVÍK • RESTAURANT
Lækjargata 6 • messinn.com • +354 546 0095

Ahoi! Wer Fisch nicht nur über alles liebt, sondern gerne auch in allen Farben und Formen auf seinem Teller haben möchte, ist hier gut aufgehoben. Zum Lunch wie zum Dinner wird von Fischburger, über geräucherten Lachs bis zur Fischsuppe alles aufgetischt, was auf hoher See gefunden und mit viel Liebe zubereitet werden kann. Tipp: Für die Crème Caramel als Nachtisch sollte man Kapazitäten einplanen!

18. GRILLMARKAÐURINN

REYKJAVÍK • RESTAURANT
*Lækjargata 2a • grillmarkadurinn.is
+354 571 7777*

Am besten man bestellt das Tasting Menu und begibt sich auf eine kulinarische Reise durch die Spezialitäten Islands. Ein Geschmackserlebnis der Extraklasse.

19. HLEMMUR MATHÖLL

REYKJAVÍK • RESTAURANT
*Laugavegur 107 • hlemmurmatholl.is
+354 577 6200*

Wer die Wahl hat, hat die Qual. Oder im Gegenteil. Von mexikanischen Tacos von La Pablona, über vietnamesische Bahn Mis bis zu lokal hergestelltem Eis von Ísleifur Heppni – in dieser besonderen Markthalle kommt jeder Globetrotter auf seine Kosten und auf den Geschmack.

20. MAT BAR

REYKJAVÍK • RESTAURANT
Hverfisgata 26 • matbar.is • +354 788 3900

Neu eröffnet und heiß geliebt! Das moderne schicke Bistro mit kreativen Gerichten zum teilen. Vom isländischen Rentier bis zum fangfrischen Fisch, alle Speisen sind optisches Vergnügen und kulinarisches Erlebnis. Am besten sich überraschen lassen und einfach für den ganzen Tisch viele Gerichte zum Teilen vom Chef auswählen lassen.

21. KAFFIVAGNINN

REYKJAVÍK • CAFÉ
Grandagarður 10

Was 1983 ein Anlaufpunkt für Angler war, ist heute ein Hotspot geworden. Das Café befindet sich im neuen Foodie-Bezirk Grandi und bietet seit der Neuübernahme des Paares Guðmundur Viðarsson und Mjöll Daníelsdóttir neben Kaffee auch leckere Frühstücksteller und Mittagessen.

22. BERGSSON MATHÚS

REYKJAVÍK • CAFÉ
Templarasund 3

Dieser Ort ist ein Schlaraffenland für alle, dabei aber alles andere als beliebig. Frühstück, Kuchen oder Dinner; Vegetarier oder tierisch Lust auf Fleisch: in dem 2012 eröffneten Restaurant werden alle satt und glücklich. Besucher wie Einheimische, Hauptsache „good vibes all day". Na dann.

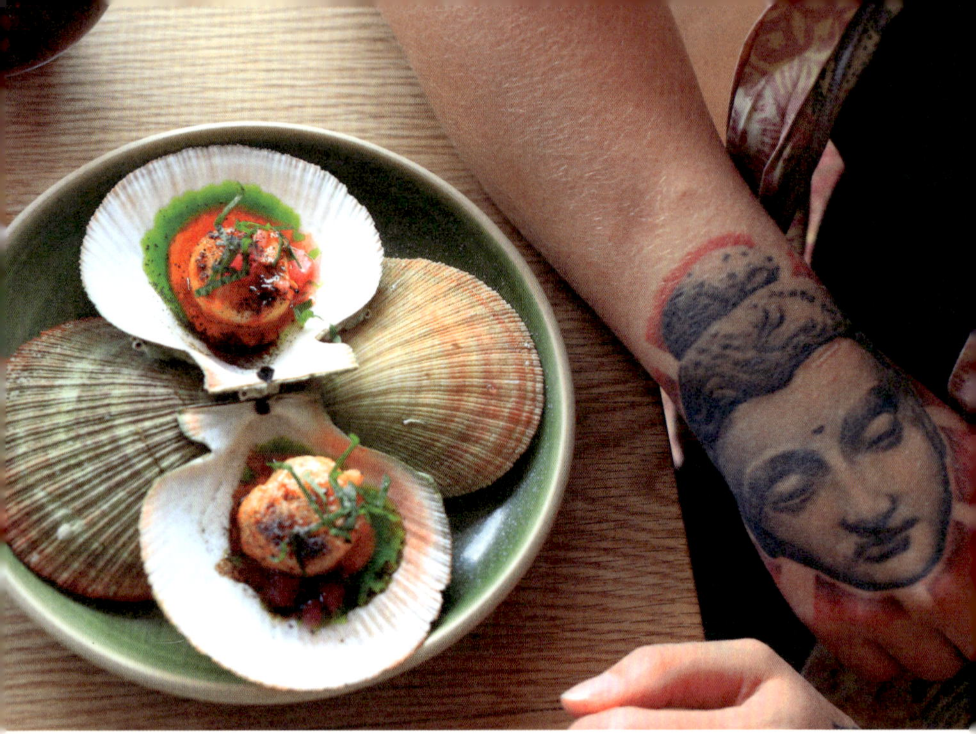

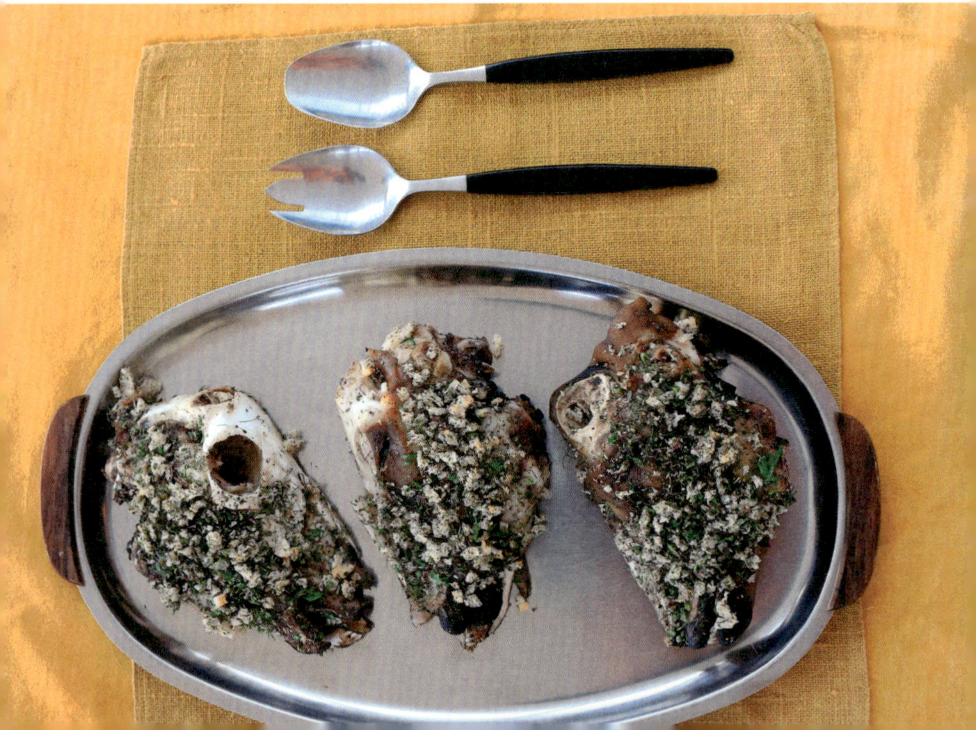

JUNG & ISLÄNDISCH:

20. Mat Bar

HVERFISGATA 26

(wärmstens empfohlen von Local Soulmate Àslaug)

VALDIS

Skólavörðustí

23. MOKKA KAFFI

REYKJAVÍK • CAFÉ
Skólavörðustígur 3A

Ein Lieblingskaffee in Reykjavík, vor allem zur Weihnachtszeit. Es wurde 1958 gegründet und war das erste Café in Island mit einer Espressomaschine.

24. SYSTRASAMLAGIÐ

REYKJAVÍK • CAFÉ
Óðinsgata 1

Ein Lieblinsgtipp unserer Soulmate Áslaug für ein ausgezeichnetes gesundes Frühstück: Serviert wird eine kreative Komposition von Säften und gesunden Getränken, Porridge, bunten Frühstücksbowls und leckeren Kuchen. Mittwochs finden morgens Meditationen statt!

25. CAFÉ BABALÚ

REYKJAVÍK • CAFÉ
Skólavörðustígur 22

Urig gemütliche und charmante Atmosphäre wie bei Freunden zuhause. Wenn es das Wetter zulässt, öffnet dieses bunte Café eine schöne kleine Terrasse, auf der man ausgezeichnet Crêpes essen kann.

26. SANDHOLT

REYKJAVÍK • CAFÉ
Laugavegur 36

Für die süßen Sünden bei Sandholt muss man vielleicht etwas tiefer in den Geldbeutel greifen, doch es lohnt sich – und man wird es vermutlich immer wieder tun. Von Erdbeertörtchen bis selbst gebackenen Pfannkuchen, mit offenem Blick in die Backstube sollte man sich hier schamlos durch das Sortiment schlemmen. Bei der Extraportion Sahne wird übrigens nicht gespart. Und wer es herzhaft mag, ist an der Sandwichtheke herzlich willkommen.

27. BRAUÐ & CO.

REYKJAVÍK • CAFÉ
Frakkastígur 16

Wer dachte, die weltbesten Zimtschnecken seien nur in Schweden zu finden, weiß spätestens 100 Meter vor dem Eingang von Brauð & Co, dass er falsch lag. Der Duft spricht Bände, der Geschmack macht sprachlos. Neben Schnecken gibt es natürlich auch Brot und andere herzhafte und süße Backwaren in der warmen Stube. Die paar Minuten Anstehen lohnen sich hier zu 100 Prozent.

28. FISCHERSUND

REYKJAVÍK • SHOP • Fischersund

Dass wir in der schnelllebigen, digitalen Welt oft auch unsere Sinne vergessen, ist wissenschaftlich bewiesen. Dank dreier Schwestern von Fischersund können wir nun aber aufatmen. Und mit Produkten wie Birken-Thymian-Tee oder Aktivkohle-Shampoo kommen wir im Shop, der ein bisschen an eine Kunstgalerie erinnert, wieder zu Sinnen.

29. KIRSUBERJATRÉÐ

REYKJAVÍK • SHOP
Vesturgata 4

Wegen solcher kleiner individueller Länden ist ein Besuch von Reykjavík so lohnenswert. Eine sehr schöne persönliche Auswahl an Keramik, Karten, Ketten, Kissen und Kuriosem verschiedenster isländischer Künstler.

30. KIOSK

REYKJAVÍK • SHOP
Ingólfsstræti 6

So viel mehr als der Name verspricht: Bei Kiosk finden sich die neuesten Kollektionsteile von vielen lokalen wie internationalen Designern wie EYGLO, Helicopter, Justine Clenquet oder Milla Snorrason. Geführt von vier isländischen Designern, deren Kreationen hier natürlich auch zu kaufen sind, trifft man hinter und vor der Ladentheke gewiss auch den einen oder anderen kreativen Kopf persönlich.

31. STEFÁNSBÚÐ/P3

REYKJAVÍK • SHOP
Ingólfsstræti 2b

Ein Querschnitt durch die isländische Modeszene gefällig? Dann ist man im Concept Store Stefánsbúð/p3 von Designer Stefán Svan Aðalheiðarson garantiert gut aufgehoben. Zu den lo-kalen Highlights gesellen sich auch die eine oder andere internationale Marke sowie Duftkerzen aus Kokoswachs und eine kleine, aber feine Auswahl an Vintagestücken – von Yves Saint Laurent bis Gucci.

32. ORR

REYKJAVÍK • SHOP
Skólavörðustígur 17b

Ein Geheimtipp unserer Soulmate Áslaug ist dieses versteckte kleine Schmuckstudio. Die Eigenkreationen der Designer Kjartan und Guðbjörg sind inspiriert von der isländischen Flora & Fauna.

33. HILDUR YEOMAN BOUTIQUE

REYKJAVÍK • SHOP
Skólavörðustígur 22

Hildur Yeoman, Inhaberin des gleichnamigen Shops, ist seit Jahren eine bekannte Größe der Isländischen Modeszene. Ihre Mode, die durch mutige Prints auf hauchzarten Materialien besticht, vermischt sie in der Boutique mit Stücken befreundeter Designer und einem ebenfalls mutigen Potpourri aus Lifestyle-Produkten aus nah und fern – von französischen Teesorten bis zu spanischen Lederboots von miista.

34. STÍGUR

REYKJAVÍK • SHOP
Skólavörðustígur 17

Dieses Kunstgalerie zeigt Keramik und Bilder von tollen isländischen Künstlern.

35. KVARTÝRA № 49

REYKJAVÍK • SHOP
Laugavegur 49

Was den Namen Shop trägt, fühlt sich beim Betreten eher nach Gallerie an: Hochwertige Mode von internationalen Marken wie Études, Ashley Williams oder Baserange gesellen sich zu Schallplatten, Magazinen und Schmuck.

36. REYKJAVÍK TREASURE B & B

REYKJAVÍK • UNTERKUNFT
Fischersund

Etwa drei Kilometer vom Stadtzentrum entfernt befindet sich dieses B & B, das alles bietet, was man als Besucher von und in Island erwartet, aber eher ungewöhnlich für ein B & B ist: ein eigenes Badezimmer, private Terrasse, Bügelmöglichkeiten und eine Tapasbar in Laufnähe .

37. KVOSIN DOWNTOWN HOTEL

REYKJAVÍK • UNTERKUNFT
Kirkjutorg • kvosinhotel.is • +354 571 4460

Im historischen Zentrum gelegen bietet dieses Hotel beides: eine gute Basis für Entdecker, aber auch ein wohliges Zuhause, in dem jedes Zimmer mit Küchenutensilien ausgestattet ist. Für die täglichen Betthupferl ist Kvosin außerdem bekannt. Da darf der geplante Tagesausflug fast ins Wasser (Entschuldigung, in die Heilquelle!) fallen.

38. APOTEK HOTEL BY KEAHOTELS

REYKJAVÍK • UNTERKUNFT
Austurstræti 16 • keahotels.is • +354 512 9000

Einen Katzensprung von 45 Minuten vom Flughafen entfernt bietet Apotek ein schickes Boutique-Hotel, das sowohl durch seine perfekten Zimmer als auch sein Äußeres besticht. 1917 vom visionären Architekten Guðjón Samúelsson erbaut, gehört das Haus, das ehemals eine stadtbekannte Apotheke war, zu den schönsten Reykjavíks.

23.

39. ALDA HOTEL
REYKJAVÍK • *UNTERKUNFT*
Laugavegur 66-68 • aldahotel.is
+354 553 9366

Wer sich bei Alda einquartiert, bekommt neben einem schönen Hotelzimmer inmitten der Stadt Reykjavík auch noch das eine oder andere überraschende Extra. Hier gibt es einen hauseigenen Friseur, organisierte Ganztagstrips und ein Fitnesscenter. Gut, dass bei dem Programm auf eine 24/7 „Grab-n-Go"-Snack-Station nicht verzichtet wurde!

40. DOLLY CLUB
REYKJAVÍK • *ABENDS*
Hafnarstræti

Coolster Club der Stadt mit Elektrosessions für die langen Winternächte.

41. KAFFIBARINN
REYKJAVÍK • *ABENDS*
Bergstaðastræti 1

Kleine Bar mit toller Musik und Atmosphäre, eine echte Institution in Reykjavík.

42. KALDI BAR
REYKJAVÍK • *ABENDS*
Laugavegur 20b

Gemütliche Bar mit tollen isländischen Bieren von Kaldi, unserer Lieblingsbrauerei im hohen Norden in Árskógssandur. Regelmäßig gibt es auch live Klaviermusik.

Es gibt nur zwei Tage in deinem Leben,
die du nicht ändern kannst.
Der eine ist gestern und der andere ist morgen.

5. Reykjanes & Golden Circle

Spektakuläre Naturschauspiele liegen hier dicht an dicht. Heiße Quellen zum Entspannen in der freien Natur und unwirkliche Geothermalgebiete im Hochland. Durch die Nähe zu Reykjavík ist dies die beliebteste Tourismusregion auf Island.

Interessante Orte:
Þingvellir Nationalpark, Gullfoss, Geysir und Strokkur, Geothermalgebiet Kerlingarfjöll, Hrunalaug, Haifoss

47.

43. BLAUE LAGUNE

GRINDAVÍK • ERLEBNIS
Nordurljosavegur 9 • bluelagoon.com
+354 420 8800

Die blaue Lagune ist fast jedem Island-reisenden ein Begriff. Und auch wir haben unseren Aufenthalt in der Geothermalquelle mit einer Wassertemperatur von 37 Grad sehr genossen. Das Wasser wird hierfür aus einer Tiefe von etwa 2.000 Metern gepumpt, wo seine Temperatur von 240 Grad beträgt. Ein besonderes Erlebnis ist die wunderbar blaue Lagune, wenn es regnet oder schneit! Die Maske aus Kieselerdeschlamm ist im Eintrittspreis dabei. Der Eintritt ist mit 50 € aufwärts relativ teuer im Vergleich zu den vielen anderen isländischen Quellen in der freien Natur, aber für ein einmaliges Erlebnis lohnt es sich. Da sie in der Nähe vom Flughafen liegt, kann man den Besuch gut mit der An- oder Abreise verbinden. Aufgepasst: Man muss vorher buchen und es ist immer einiges los!

44. GRINDAVÍK

GRINDAVÍK • ERLEBNIS
Grindavík ist eine Stadt in Südwest-Island auf der Halbinsel Reykjanes. Viele der etwa 3.000 Einwohner arbeiten in der Fischindustrie, da sie auch einen kleinen Hafen hat. Unsere Soulmate Áslaug genießt hier gerne den Blick auf das Meer.

45. KLEIFARVATN

ERLEBNIS
N63°55'33" W21°58'18"

Unser Local Áslaug kommt gern von Reykjavík hierher, um etwas Frieden zu finden. Sie wandert einmal um den kleinen See Kleifarvatn und verbindet es mit einem Besuch in Grindavík, wo es sich herrlich auf das wilde Meer schauen lässt.

46. MOSSKOGAR CAMPING

UNTERKUNFT
Dalsgarðsafleggjari 270

Wer mit dem Zelt unterwegs ist, dem empfehlen wir diesen schönen und familiären Campingplatz nicht weit von Reykjavík. Es gibt Duschen im Freien und ein Gewächshaus mit kleiner Küchenzeile und Tischen. Wenn es regnet, kann man auch in den Gewächshäusern zelten. Von den Besitzern kann man frische Eier kaufen.

47. LAXNES PFERDE FARM

MOSFELLSBÆR • ERLEBNIS
Hier kann man wunderschöne geführte, ein- oder mehrtägige Reittouren buchen. Es ist ein wahrlich einzigartiges Erlebnis, auf dem Rücken der Vierbeiner durch Islands traumhafte Natur zu reiten. Für Anfänger wie Fortgeschrittene. Die Farm wird sehr professionell geführt und die Pferde sind gut ausgebildet und gepflegt.

Vulkan Keilir

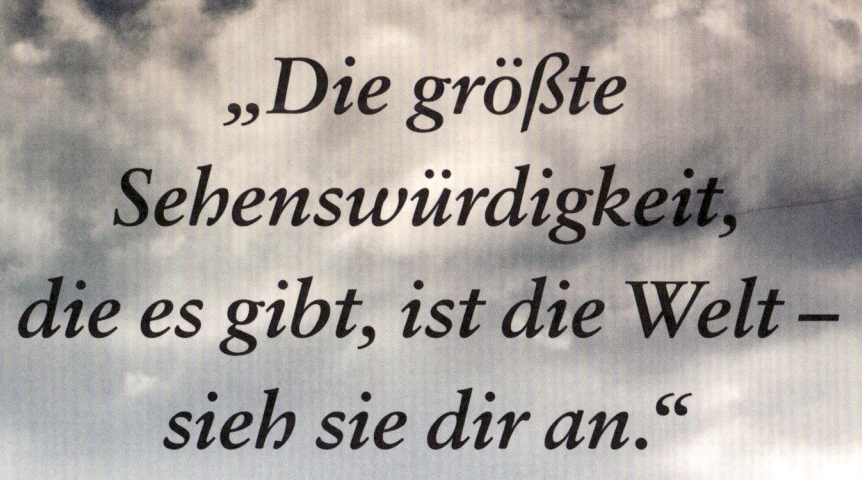

„Die größte
Sehenswürdigkeit,
die es gibt, ist die Welt –
sieh sie dir an."

– *Kurt Tucholsky*

48.

48. ÞINGVELLIR NATIONAL PARK

ERLEBNIS
N64°15'21" W21°7'49"

Ein Highlight auf unserer ersten Island-Reise war der Besuch im Þingvellir Nationalpark. Er liegt mitten in der Grabenbruchzone von der eurasischen Erdplatte im Osten und der amerikanischen Erdplatte im Westen. Die Platten driften jährlich ungefähr ein bis zwei Zentimeter auseinander und die jahrhundertelange Verschiebung kann man an der Oberfläche sehen. Der größte See von Island Þingvallavatn liegt auch in dem Gebiet. Bereits 930 wurde hier die erste parlamentsartige Versammlung Islands einberufen, die jährlich stattfand. Am 17. Juni 1944 wurde an Ort und Stelle die Republik Island ausgerufen und ist auch heute Schauplatz zahlreicher staatlicher Feierlichkeiten.

Aber nicht nur politisch ist der Ort von größter Wichtigkeit. Auch Tauchern ist das Gebiet weltweit ein Begriff. Am beliebten Tauchspot Silfra kann man sowohl als Taucher wie Schnorchler einen Einblick in die einzigartige Unterwasserwelt der Grabenzone zwischen den Kontinenten bekommen. Wir können auch eine der geführten Touren sehr empfehlen, beispielsweise bei unserem Local Bjarki mit Adventure Vikings.

49. REYKJADALUR THERMALFLUSS

ERLEBNIS
N64°1'22" W21°12'42"

Das Baden in den heißen Quellen ist für jeden Islandbesuch obligatorisch! Ein ganz besonderes Erlebnis bietet der heiße Bach im Reykadalur. Von Hveragerði aus braucht man zu Fuß bis zum Fluss etwa zwei Stunden und vom Parkplatz rund die Hälfte. Oben angekommen erwartet uns ein wohliger geothermal gewärmter Fluss, indem man schön baden kann. Eine angenehme Wohltat für den Körper nach der kleinen Wanderung, auch wenn man den Fluss mit einigen Gleichgesinnten teilen muss. Doch genau beim Baden mit anderen bekommt man oft super Tipps für die nächste Reiseroute!

50. ÖLVERK PIZZA & BRAUEREI

HVERAGERÐI • RESTAURANT
Breiðamörk 2, , olverk.is, +354 483 3030

Das passionierte Paar Laufey & Elvar aus Hveragerði hat sich hier seinen Traum erfüllt. Selbst gebrautes Bier und selbst gerollte Pizza! Die Geschmackskombinationen sind teilweise abenteuerlich, aber auch für die klassischen Geschmäcker ist gesorgt. Die Öffnungszeiten sind sehr saisonal, daher vorher prüfen.

51. TRYGGVASKÁLI

SELFOSS • RESTAURANT
Tryggvatorg • tryggvaskali.is • +354 482 1390

In diesem von außen sehr unscheinbaren Restaurant finden wir Küche und Service auf Sterneniveau. Die Atmosphäre ist gemütlich und belebt, sodass wir schnell mit unseren Tischnachbarn über Menüwahl und Routenplanung ins Gespräch kommen. Die Hummercremesuppe war ein Gedicht, das Lamm war himmlisch zart, die Butter herrlich verfeinert, und das Schokoladenmousse überwältigend. Toller Ort für einen romantischen Abend.

52. FRIÐHEIMAR

REYKHOLT • RESTAURANT
Friðheimar • fridheimar.is • +354 486 8894

Bei einer Tomaten-Völlerei denken die meisten eher an Italien, nicht Island. Ein Besuch bei Friðheimar in Reykholt könnte das ändern. Mit geothermalen Energien werden im opulenten, familiengeführten Gewächshaus die leckersten Tomaten kultiviert. Diese werden dann in Form von Suppe, Bloody Mary und Bier (!) verarbeitet und können beim Dinner direkt vor Ort verköstigt werden. Nach Italien kann man ja nächstes Jahr immer noch.

Wer die Gefahr fürchtet,
ist immer in Gefahr.

Aus Island

53. EFSTI-DALUR II

LAUGARVATN • CAFÉ
Bláskógabyggð • efstidalur.is • +354 486 1186

Zu diesem Bauernhof gehört das Hotel und ein nettes Café, welches wir für das köstliche Eis oder einen Snack für zwischendurch empfehlen. Dazu wird den Kids vom Restaurant aus ein ungewöhnlicher Blick in den Kuhstall geboten.

54. OLD LAGOON HOT POOL

FLÚÐIR • ERLEBNIS
Hvammsvegur • secretlagoon.is • +354 555 3351

Der Name ist etwas irreführend, denn der Hot Pool ist modern und komfortabel. Keine lange Wanderung und umständliches Umziehen, denn für das Umkleiden, Duschen und ein kleines Restaurant ist gesorgt. Die beste Zeit, um sich hier erholsam dem warmen Thermalwasser hinzugeben ist der Vormittag.

55. HRUNALAUG

ERLEBNIS
N64° 8'2.64" W20°15'25.76"

Absolut ursprünglich und ohne jegliche Ablenkung liegt dieser natürliche romantische Hot Pool mit einer größeren und einer sehr kleinen romantischen Badestelle für nur zwei Personen. Es gibt viel Natur und wenig Komfort, aber genauso muss es sein für ein authentisches Badeerlebnis. Hinzu kommt, dass der Pool schwierig zu finden ist. Dazu am besten unsere Koordinaten verwenden oder vor der Fahrt die genaue Routenbeschreibung recherchieren.

56. HAUKADALSSKÓGUR

ERLEBNIS
N64°18'50" W20°18'20"

Bei unserer ersten Islandreise wählten wir ein Ferienhaus im Haukadalur, um ausreichend Zeit zu haben, die vielen Attraktaionen am Golden Circle und der Südküste zu besuchen. Das Tal hat eine besondere Aura und obwohl auf der anderen Seite des Hügels der Geysir Strokkur und die großen Mengen an Touristen unterwegs sind, fühlt sich das Tal an wie ein fernes Refugium der Stille. Der dichte Wald am Ende des Tals bietet hübsche einsame Wanderungen entlang malerischer Flussläufe und der ehemalige Pfarrhof war im Mittelalter das Zentrum isländischen Gelehrtentums.

57. GEYSIR UND STROKKUR

ERLEBNIS
N64°18'50" W20°17'58"

Der Geysir Strokkur ist eine Visitenkarte für die Reisedestination Island. Alle paar Minuten findet eine beeindruckende Eruption statt und die emporsteigende Wassersäule ist 20 bis 30 Meter hoch. Diese Attraktion ist Ausdruck des vor mehreren Hunderttausend Jahren aktiven Vulkangebietes in dieser Region, welches sich an den rötlichen rhyolithischen Hängen hinter

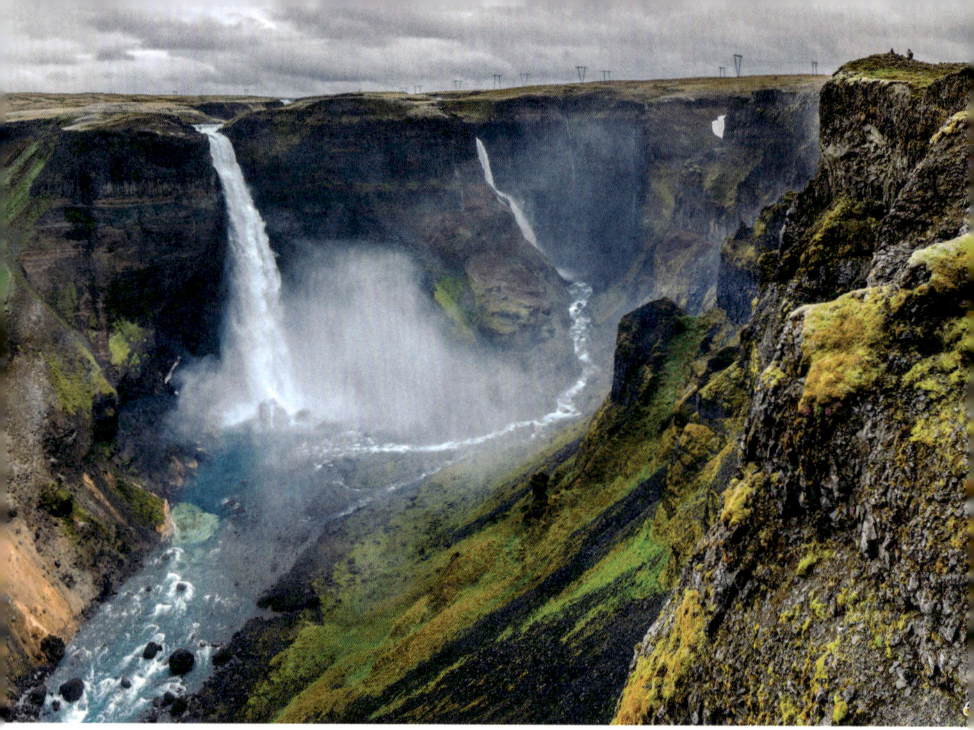

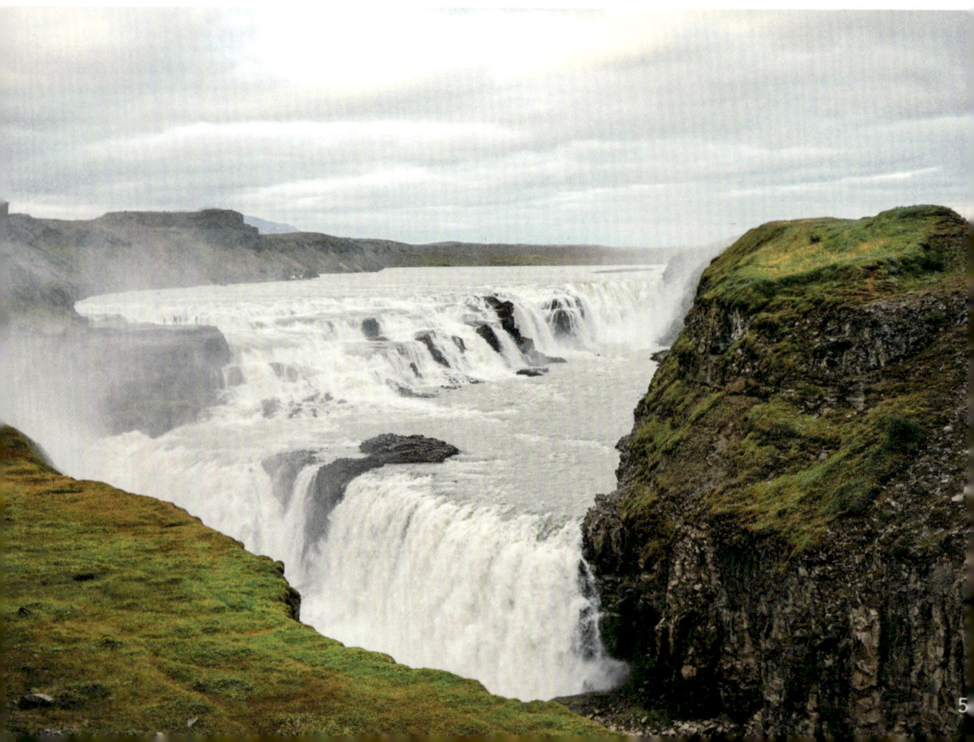

5

dem Strokkur erkennen lässt. Von hier hat man den schönsten Blick auf Strokkur, seinen Nachbarn Geysir und das gesamte Geothermalgebiet.

58. GULLFOSS

ERLEBNIS
N64°19'39" W20°7'17"

Mehr als zwei Drittel aller Islandreisenden besuchen den imposanten Wasserfall Gullfoss. Und tatsächlich sind die vielen umgebenden Besucher sofort vergessen, wenn man über die gewaltige Dimension des Gullfoss zu staunen beginnt. Der wehende Wassernebel und das laute Getöse lassen uns diese natürliche Elementarkraft erleben und alles andere vergessen. Gullfoss wird aus dem Fluss Hvítá gespeist, dessen Quelle der Gletscher Langjökull ist.

59. HJÁLPARFOSS

ERLEBNIS
N64°6'58" W19°51'5"

Der Hjálparfoss vereinigt in sanfter Weise die Flüsse Flossá und Þjórsá und ist ein wunderschöner Ort für ein Picknick auf der vorgelagerten Wiese. Die Basaltformationen neben dem Wasserfall zeugen von dem Lavafeld, das hier durch die Eruptionen des Vulkans Hekla entstanden ist.

60. GJÁIN

ERLEBNIS
N64°8'57" W19°44'17"

Gjáin beschreibt ein paradiesisches und etwas abgelegenes Tal mit einer Vielzahl an Wasserfällen und tollen Wandermöglichkeiten. Vom Parkplatz wandert man am Fluss Raudá entlang durch Birkenwälder bis zu dem malerischen kleinen See, wo der Wasserfall Gjáinfoss hinabstürzt. Hier kann man schön durch das Wasser waten und den Wasserfall umrunden. Die Wanderung dauert etwa eine Stunde, der Weg ist sehr holprig, aber auch mit dem PKW ohne 4×4 möglich.

61. HÁIFOSS

ERLEBNIS
N64°12'28" W19°41'13"

Der Wasserfall Háifoss stürzt über ganze 122 Meter hinab und liegt am Ende eines majestätischen Canyons mit steilen Flanken. Die Strecke zum Parkplatz oberhalb des Wasserfalls ist schwierig befahrbar, daher ist ein Geländewagen zu empfehlen. Die Szenerie mit dem benachbarten Wasserfall Granni ist sensationell und gehört zu den schönsten Eindrücken, die wir in der Umgebung des Golden Circle gemacht haben.

„Suche das Glück nicht mit dem Fernrohr."

– Aus Island

PERFEKT ZUM WANDERN

Hveradalir, Kerlingafjöll

ERLEBNIS

N64°37'60" W19°16'60"

*Auch der längste Marsch
beginnt mit dem ersten Schritt.*

– Laozi

Wir setzen einen Fuß vor den anderen und eines Tages blicken wir zurück und haben einen Gipfel erreicht.

6. Snæfellsnes

Alle Kontraste der isländischen Natur konzentrieren sich auf dieser kleinen Halbinsel: Der Vulkan Snæfellsjökull gilt bei Jules Verne sogar als Eingang zum Mittelpunkt der Erde. Hier findet man Vulkane und Gletscher, Lavafelder und schwarze Strände mit Basaltsäulen, verträumte Fischerorte und Wanderungen in völliger Abgeschiedenheit.

Interessante Orte:
Snæfellsjökull Nationalpark, Djúpalónssandur,
Stykkishólmur, Kirkjufell

Für manche Orte ist
man ein Leben lang dankbar,
sie gefunden zu haben.

Unvergessliche Nächte kann man hier verbringen. Was für ein Privileg, vom Bett aus Nordlichter, Sonnenuntergänge, die Mitternachtssonne und die Sterne zu beobachten ... 30 Minuten von Reykjavík entfernt, mit voll ausgestatteter Küche, Regendusche und natürlich der obligatorische Hot Pot.

64. BOTNSDALUR, GLYMUR

ERLEBNIS
N64°23'5" W21°17'37"

Der Hvalfjörður ist ein Fjord im Westen Islands zwischen Kjalarnes und Akranes. Wenn man statt durch den mautpflichtigen Tunnel Hvalfjarðargöng den Fjord umrundet (dauert bedeutend länger), bekommt man ein ausnehmend liebliches Stück Island präsentiert: Eine reizvolle Mischung von vulkanischen Bergen und grüner Vegetation und die Möglichkeit für die wundervolle Wanderung zum Wasserfall Glymur.

65. THE SETTLEMENT CENTER

BORGARNES • KULTUR
Brákarbraut 13

Mit einem Audioguide kann man in diesem Museum einiges über die Besiedelungsgeschichte Islands erfahren. Zu Anfang ging es ziemlich blutrünstig zu, aber nach und nach hat sich bedingt durch die Widrigkeiten der Natur und des Wetters eine Gesellschaft gebildet, die auch heute noch auf dieser gemeinschaftlichen Wurzel fußt und solidarisch zusammenhält. Zum Center gehört ein sehr gutes Restaurant mit regional inspirierten, qualitativ hochwertigen Gerichten: Brot vom lokalen Bäcker, Fleisch vom Bauernhof und Fisch aus den hiesigen Gewässern. Der Service ist freundlich.

66. HRAUNFOSSAR

ERLEBNIS
N64°42'10" W20°58'38"

Der ungewöhnliche Wasserfall Hraunfossar liegt ganz in der Nähe des Ortes Húsafell im Westen des Landes und nah an der faszinierenden Gletscherlandschaft des Langjökull. Die vielen Wasserfälle entspringen direkt aus dem mehr als 1.000 Jahre alten Lavafeld Hallmundarhraun und werden von unterirdischen Wasserläufen gespeist. Es sollen mehr als 100 einzelne Wasserfälle sein – wenn man das auch nur schwer zählen kann. Die Strauchvegetation der Gegend ist im Herbst ein wahres Farbenmeer. Das Lavafeld ist von röhrenartigen und zum Teil begehbaren Höhlen durchzogen.

67. NARFEYRARSTOFA

STYKKISHÓLMUR • RESTAURANT
Aðalgata 3

Das Restaurant Narfeyrarstofa befindet sich im ältesten Teil der kleinen Stadt Stykkishólmur an der Bucht Breiðafjörður. Es wurde im Jahr 2000 eröffnet und hat seither eine interessante Speisekarte mit frischem Fisch, Lamm und blauen Muscheln aus der Region entwickelt. Durch die engagierte Zusammenarbeit mit den Einheimischen hat es sich im Laufe der Jahre den Ruf als erstklassiges Restaurant erworben. Das malerische Äußere und das warme Interieur schaffen eine einzigartige Atmosphäre.

68. STYKKISHÓLMUR SLOWLY

STYKKISHÓLMUR • *ERLEBNIS*
Hafnargata 4 • stykkisholmurslowly.com
+354 697 8950

Ein fabelhafter Geheimtipp unserer Soulmate Áslaug! Zwei junge Damen nehmen dich für zwei Stunden mit auf einen Spaziergang durch die Stadt und am Ende wartet ein überraschendes grandioses Picknick- und Outdoor-Cooking-Erlebnis aus frischen regionalen Zutaten wie Muscheln, Seegras, fangfrischem Fisch und leckerem Sauerteigbrot oder Pancakes. Ein Erlebnis für alle Sinne, unbedingt ausprobieren!

69. HÓTEL EGILSEN

STYKKISHÓLMUR • *HOTEL*
Aðalgata 2 • egilsen.is • +354 554 7700

Das Hótel Egilsen ist ein charmantes, geschmackvoll eingerichtetes Hotel mit kleinen Zimmern, aber sehr bequemen Betten, leckerem Frühstück und freundlichem Service. Hier schläft es sich besonders gut und die Lage bietet sich an für die Erkundung der Halbinsel.

70. LÝSUHÓLSLAUG

ERLEBNIS
N64°50'29" W23°12'50"

Island ist bekannt für seine vielen heißen Quellen. Dies hier ist ein kleines, einfaches Bad und der perfekte Stopp, um den Körper nach einer Wanderung zu entspannen. Ein größerer Pool und zwei kleine Hot Pots, ohne Chemikalien und für Kinder gib's Schwimmgeräte vor Ort. Als Wanderziele bieten sich in der Nähe zum Beispiel der Þyrill, der Rest eines alten Schildvulkans, auf den Brekkukambur an oder für Bergsteiger die Gipfel des Botnssúlur. Ausgesprochen interessant ist auch die Wanderung zu Islands zweithöchstem Wasserfall, dem Glymur, die im hinteren Ende des Fjordes nahe der Mündung des Flüsschens Botnsá beginnt. Ein alter Pfad führt außerdem über die Berge von Botnsá in das Skorradalur, ein weiterer nach Þingvellir.

71. KIRKJUFELL

ERLEBNIS
N64°55'38" W23°18'25"

Der mystische Berg Kirkjufell ist das Wahrzeichen des kleinen Fischerorts Grundarfjörður und gilt vielleicht als der schönste Berg Islands. Tatsächlich wirkt der steil aufstrebende Berg, umgeben vom Meer und mit dem vorgelagerten Wasserfall Kirkjufellsfoss, wie von Elfenhand geformt. Für Geübte ist auch eine Besteigung möglich, ansonsten kann man auch einfach die genussvollen Wanderwege rundherum erkunden.

72. HÓTEL BÚÐIR

ENGIHLÍÐ • *HOTEL*
Íþróttahús Snæfellsbæjar 356 • hotelbudir.is • +354 435 6700

Dieses Hotel können wir jedem Islandreisenden nur wärmstens empfehlen. Es liegt malerisch inmitten von Lavafeldern, und es ist nichts in der Nähe gebaut außer einer kleinen Kirche. Die Zimmer sind in Ordnung, das Essen fantastisch, die Mitarbeiter sehr freundlich und die Atmosphäre einmalig.

Arnarstapi

74.

76.

73. ARNARSTAPI

ARNARSTAPI • ERLEBNIS

Der kleine, malerische Fischerort Arnarstapi ist ein weiterer Lieblingsplatz. Hier gibt es außergewöhnliche, säulenartige Basalt- und Felsformationen zu bewundern. Auch eines von Islands bekannten Fotomotiven steht hier: das weiße Haus mit dem Berg Stapafell im Hintergrund.

74. FJÖRUHÚSIÐ CAFÉ

HELLNAR • CAFÉ
Snæfellsnes 365

Das Fjöruhúsið Café, ist ein sehr beliebtes Café in fantastischer Lage direkt am Meer in Hellnar. Nach einer Wanderung genießen wir hier eine leckere Fischsuppe und danach eine heiße Schokolade sowie Waffeln mit Schlagsahne, serviert mit ein paar wärmenden Sonnenstrahlen. Von hier aus kann man auch gut eine Wanderung nach Arnarstapi unternehmen.

75. VATNSHELLIR

SNÆFELLSBÆR • ERLEBNIS
Road 574

Eine kleine Höhle, die gemeinsam mit einem Guide besucht werden kann. Mit Helm und Taschenlampe ausgerüstet, steigt man ein paar Wendeltreppen hinunter und hört den vielen Anekdoten zur Höhle zu: Gewisse Steinbrocken sind unter anderem eigentlich Trolle, die von der Lava überrascht wurden ... Die

Tour dauert rund 45 Minuten und sollte vorher gebucht werden.

76. DJÚPALÓNSSANDUR

ERLEBNIS
N64°45'8" W23°54'2"

Am Fuße des mächtigen Snæfellsjökull liegt der märchenhafte Strandabschnitt Djúpalónssandur, einer unserer Lieblingsstrände. Der dunkle Strand ist durch einen Vulkanausbruch entstanden, dessen Lava fast bis zum Meer floss. Skurril geformte Fels- und Lavagesteine säumen den Weg. Moose, bunte Flechten, Tang, Algen und Muscheln, aber vor allem seine kleinen glattgeschliffenen schwarzen Kiesel machen diesen Strand zu einem besonderen Erlebnis.

77. EIRÍKSSTAÐIR FREILICHTMUSEUM

BÚÐARDALUR • KULTUR
Haukadalsvegur 371

Die Wikinger kamen um 874 aus Norwegen nach Island und in diesem Torfhaus kann man ein Stück Wikingergeschichte erleben. Es ist der Geburtsort von Leif Eirikson und die Heimat von Erik dem Roten. Man bucht am besten eine Tour, auf der der Führer gerne eine unterhaltsame Beschreibung des Lebens und der Geschichten der Wikinger und Isländer, die in solchen Häusern lebten, wiedergibt.

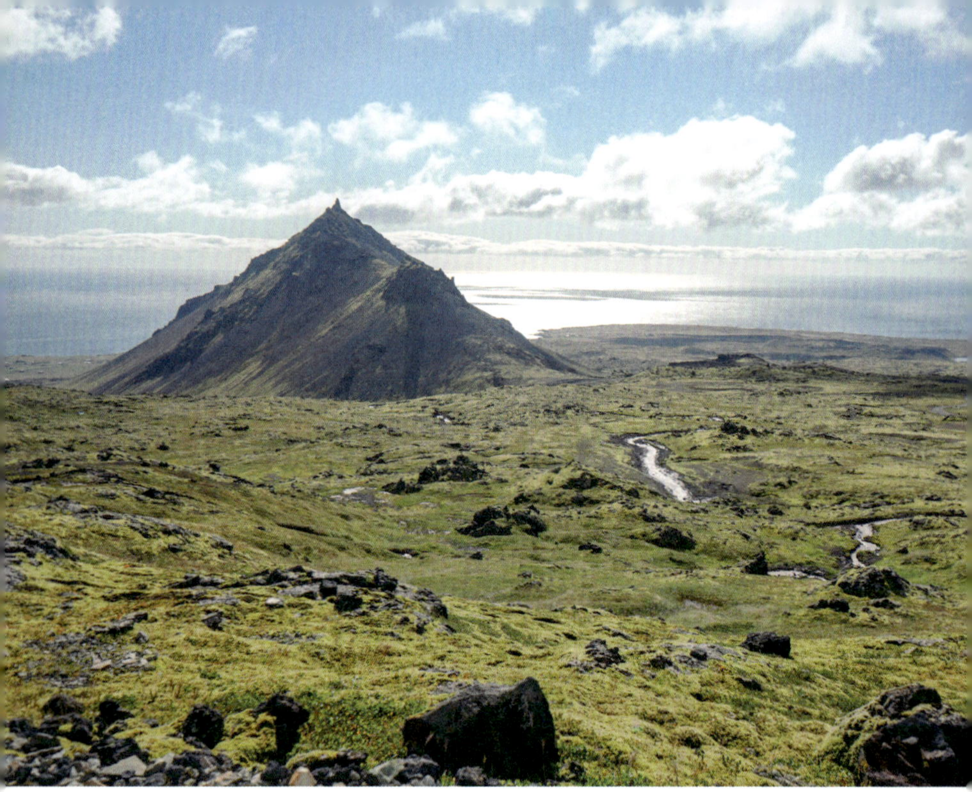
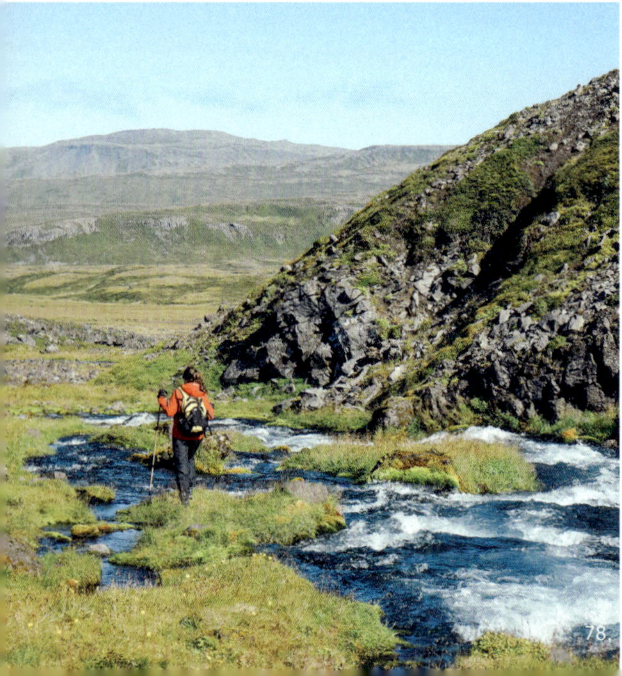
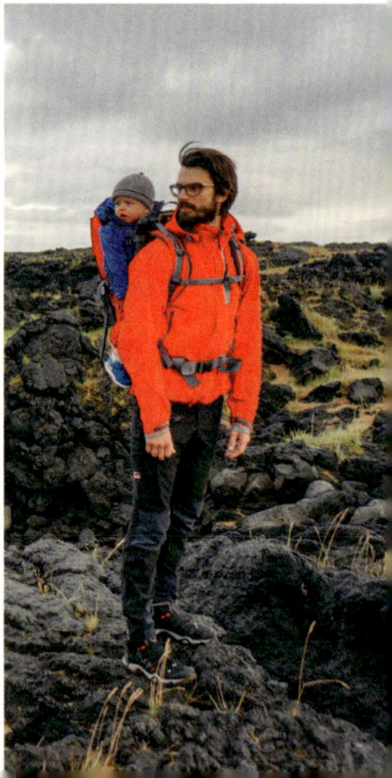

78. SNÆFELLSJÖKULL NATIONAL PARK

ERLEBNIS
N64°49'7" W23°52'57"

Bei unserer ersten Island-Reise war die Halbinsel Snæfellsnes unser erster Halt und wir waren auf Anhieb schockverliebt. Ganz im Westen der Halbinsel, rund um den berühmten Vulkan Snæfellsjökull, erstreckt sich der 170 km² große Snæfellsjökull-Nationalpark, der einzige Nationalpark Islands, der sich bis zum Meer erstreckt. Hier kann man ausgezeichnet wandern und Island von seiner schönsten Seite entdecken. Markierte Wege dürfen weder zu Fuß noch mit dem Auto verlassen werden, um die einzigartige Natur zu erhalten.

78.

78.

76.

78.

7. Südwesten

Der Südwesten bietet mit Þórsmörk und Landmannalaugar einige der schönsten und eindrucksvollsten Wandergebiete der Welt. An der Küste beeindrucken die Westmännerinseln mit den Spuren eines jungen Vulkanausbruchs aus dem Jahr 1973 und mit fantastischen Wasserfällen, mystischen Schluchten und atemberaubenden schwarzen Sandstränden.

Interessante Orte
Þórsmörk, Landmannalaugar, Westmännerinseln, Skógafoss, Sólheimajökull, Seljavallalaug, Reynisfjara, Fjaðrárgljúfur.

Westmännerinseln

Die Insel Heimaey ist erst vor etwa 5.000 Jahren durch einen unter-
meerischen Vulkanausbruch entstanden, bei dem mehrere kleine Inseln, die
ihrerseits vor rund 20.000 Jahren entstanden sind, miteinander verbunden
wurden. Wer zu Fuß unterwegs ist, der kann eine spannende Wanderung
zum Vulkangipfel Eldfell unternehmen, der erst 1973(!) ausgebrochen ist und
dabei zahlreiche Straßen und Häuser verschüttet hat. Diese kann man bei der
Wanderung bestaunen. Heimaey ist mit der Fähre von Landeyjahöfn sehr gut
zu erreichen und eignet sich hervorragend für einen genussvollen Tagesausflug abseits der üblichen Attraktionen an der Südküste.

79. SLIPPURINN

VESTMANNAEYJABÆR • RESTAURANT
Strandvegur • slippurinn.com • +354 481 1515

Neben der Insel selbst ist das Slippurinn ein Highlight auf der Insel: Gísli Matthias Auðunsson ist der Küchenchef im Slippurinn und führt das Restaurant gemeinsam mit seiner Familie seit fünf Jahren. Die Zutaten für seine Gerichte sammelt er auf der Insel. Sein Vater Auðunn ist Fischer und versorgt das Restaurant mit fangfrischem Fisch. Das einzigartige Restaurant ist in der Saison von Mai bis September geöffnet.

80. SELJALANDSFOSS

ERLEBNIS
N63°36'56" W19°59'24"

Gibt es etwas Schöneres, als die Kraft eines tosenden Wasserfalls zu spüren? Hier im Süden von Island gibt es einige davon. Die bekanntesten sind der Seljalandsfoss und der Skógafoss. Dieser hier ist 65 Meter hoch und das absolute Highlight ist ein kleiner Weg, der hinter dem Wasserfall entlangführt. Keinesfalls die Regenjacke vergessen!

81. GLJÚFRABÚI

ERLEBNIS
N63°37'15" W19°59'11"

Direkt hinter dem Seljalandsfoss (nach 600 Metern) liegt der kleine-
re Wasserfall Gljúfrabúi. Hier klettern wir durch eine Felsspalte und
waten dann mit unseren Gummistiefeln oder barfuß durch flaches Wasser bis zum Wasserfall, der durch die nach oben offene Höhle besonders
spektakulär in Szene gesetzt wird. Ein tolles Erlebnis!

82. SKÓGAFOSS

ERLEBNIS
N63°31'55" W19°30'41"

In der Nähe vom Gletscher sind atemberaubende Wasserfälle wie
Skógafoss und Seljalandsfoss zu bewundern. Der Skógafoss gehört zu
den größten Wasserfällen auf Island und mit einer Fallhöhe von etwa
60 Metern lassen sich im entstehenden Sprühnebel vielfältige Regen-
bogen bewundern. Zwei Kilometer westlich liegt zudem der mystische
Berg Drangurinn í Drangshlíð mit verträumten grasbedeckten Häus-
chen.

Wandern im Süden

Zwei atemberaubende Wanderwege führen von Skógar nach Þórsmörk (Fimmvörðuháls) und von hier mit dem Laugavegur weiter bis in das nördliche Landmannalaugar. Þórsmörk ist dabei eine wunderbare Basis für die Erkundung der umliegenden Berge.

Fimmvörðuháls

Es handelt sich hier um einen der schönsten und vielfältigsten Wanderwege auf Island. Auf dieser Route erleben wir mystische Landschaften, durchzogen von Wasserfällen und Flüssen, Eiswelten, erst kürzlich entstandene Lavalandschaften, Birkenwälder und viele Momente des Staunens. Ein abenteuerliches und wunderschönes Erlebnis!

Die Route mit 22 Kilometern Länge und etwa 1000 Höhenmetern ist als Zwei-Tage-Tour mit Übernachtung auf der Hütte angelegt und führt von Skógar nach Þórsmörk. Bei ausreichender Fitness und Planung kann die Strecke auch sehr gut als Tagestour durchgeführt werden. In diesem Fall aber dringend die Fahrpläne der Busse prüfen, die den Wanderer von Þórsmörk zurück nach Seljalandsfoss und weiter nach Skógar bringen, und die Wanderzeit von etwa sieben Stunden im Auge behalten. Wer jedoch genussvoll die Strecke erleben möchte, der bucht vorab eine Nacht beim Hüttenwart telefonisch oder vor Ort in Reykjavík und packt den Schlafsack ein.

Wandern im Süden

83. ÞÓRSMÖRK

ERLEBNIS
N63°40'51" W19°28'57"

Mit unserem Guide machen wir uns mit einem robusten 4×4-Jeep auf den Weg nach Þórsmörk. Dabei überqueren wir viele Furten, bei denen das Wasser teilweise bis zur Oberkante der Reifen geht. Wir haben Angst, aber unser sehr erfahrener Guide hat alles unter Kontrolle, und so ist allein diese Fahrt schon ein tolles Erlebnis! Die Gefahr für unerfahrene, auf sich allein gestellte Touristen ist enorm, und es gab bereits einige tödliche Unglücke in derartigen Situationen. Wir verbringen die Nacht in der Volcano Huts Þórsmörk, dem idealen Ausgangspunkt, um Wanderungen in die Umgebung zu unternehmen. Am Abend werden wir mit einem magischen Nordlicht belohnt. Ein weiterer der unzähligen Wir-sind-sprachlos-Momente auf unserer Reise.

Von hier kann man wunderbar zu den zwei neuen Kratern Magni und Móði (N63°38'15" W19°26'34") wandern, die 2010 durch eine Eruption entstanden sind. Die Route führt zwischen den zwei Gletschern entlang und man kann aufgrund der Wärme am Krater sogar grillen! Eine wunderschöne Aussicht hat man auf der Route namens Tindfjallahringur zum Gipfel vom Rjúpnafell (N63°41'52" W19°24'33"). Falls das Wetter nicht ganz so schön ist, empfehlen wir den zwei Kilometer langen und 100 Metern tiefen Stakkholtsgjá Canyon.

84. STAKKHOLTSGJÁ CANYON

ERLEBNIS
N63°40'30" W19°33'27"

Kleine Flüsse säumen hier den Weg, also unbedingt wasserfeste Schuhe anziehen. Am Ende des Canyons ist ein Wasserfall und der Weg wird immer schmaler und rutschiger, aber es lohnt sich total, das auf sich zu nehmen. Der Lohn: eine typisch isländische Märchenlandschaft, in der man förmlich Elfen tanzen sieht.

85.

85.

87.

85. REYNISFJARA

ERLEBNIS
N63°24'12" W19°2'46"

Es ist einfach umwerfend, wenn man die großformatigen Basaltformationen am schwarzen Sandstrand von Reynisfjara betrachtet und sich bewusst macht, wie und wann diese entstanden sind. Während viele Besucher direkt an der Formation stehen, vergessen sie jedoch leicht, sich umzudrehen und den Blick nach Westen zu richten. Hier kann man einen atemberaubend schönen Spaziergang am Strand machen und hat dabei die schroff bizarre Felsformation Dyrhólaey (N63°23'59" W19°7'37") im Blick.

86. SÓLHEIMAJÖKULL

ERLEBNIS
N63°33'25" W19°18'10"

Wir empfehlen jedem Islandbesucher, eine Gletscherwanderung zu unternehmen. Die ungeheure Dimension dieser Eismassen wird uns erst dann bewusst, als wir als kleiner Punkt mitten drauf stehen. Wir haben uns einen Guide genommen für eine eintägige Tour auf den Gletscher mit anschließendem Bad im Seljavallalaug-Pool. Zum Beispiel bei adventure.is oder extremeiceland.is Man kann auch direkt in die Höhlen. Diese Touren bucht man am besten bei intotheglacier.is. Einfach schauen, was am meisten zusagt, und vorher buchen nicht vergessen!

87. SELJAVALLALAUG

ERLEBNIS
N63°33'56" W19°36'29"

Nach der Wanderung auf dem Sólheimajökull-Gletscher freuen wir uns auf ein Bad im 30 Grad heißen Seljavallalaug-Pool. Er ist bereits 1923 erbaut worden und zählt somit zu den ältesten Pools der Insel. Inmitten wunderschöner Natur liegt er unterhalb des Eyjafjallajökull. Die herrliche Wanderung dorthin erfordert etwa 20 Minuten und ist auch gut mit Kindern machbar.

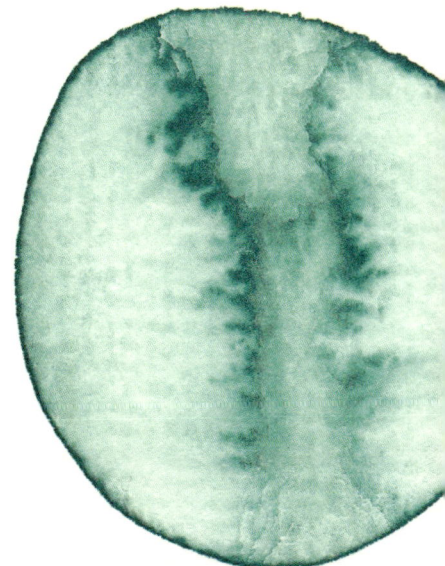

86. Sólheimajökull

88. Laugavegur
ERLEBNIS
N63°47'26" W19°19'11"

Der bekannteste Wanderweg auf Island ermöglicht es, das Land auf einzigartige Weise zu erleben. Die 55 Kilometer lange Strecke ist als Tour über vier Tage angelegt und wurde von National Geographic unter die zwanzig schönsten Wanderrouten der Welt gewählt. Die Hüttenübernachtungen müssen zuvor online gebucht werden (www.fi.is).

89. LANDMANNALAUGAR

ERLEBNIS
N63°58'59" W19°4'1"

Das Geothermalgebiet Landmannalaugar ist ein fantastisches Ziel für einen Tagesausflug und ebenso der Ausgangspunkt für den wunderbaren Wanderweg Laugavegur. Hier liegt eine gewisse Aufregung in der Luft, denn für viele ist dies der Höhepunkt einer Islandreise. Die Region liegt in der aktiven Vulkanzone und man erkennt auf kleinstem Raum vielfältige charakteristische geologische Prozesse: bunte Berge aus Rhyolith, bizarr erstarrte Lavaskulpturen oder wahre Explosionskrater. Für Interessierte empfehlen wir, sich vorab mit entsprechender Literatur einzudecken, denn mit dem richtigen Verständnis kann man diese Naturphänomene umso mehr wertschätzen! Neben dem großartigen Hot Pool gibt es zahlreiche Wandertouren mit unterschiedlicher Länge und Schwierigkeit. Hier ist für jeden etwas dabei.

89.

96.

95.

90. SMIÐJAN BRUGGHÚS

VÍK • RESTAURANT
Sunnubraut 15 • smidjanbrugghus.is
+354 571 8870

Manchmal muss man seinen Gelüsten einfach nachgeben. Dieses Restaurant ist ein Ort für leckere Burger und eine tolle Auswahl an unterschiedlichen aromatischen Bieren der isländischen Mikrobrauereien.

91. THE SOUP COMPANY

VÍK • RESTAURANT
Víkurbraut 5 • thesoupcompanyiceland.com

Die isländischen Suppen gehören zum Besten, was die Welt zu bieten hat! Sicherlich liegt ein Teil des Geschmackserlebnisses zusammen mit der Szenerie von Elfen, rauhem Wetter und spektakulären Naturerlebnissen, doch sie schmecken einfach köstlich! Die Soup Company widmet sich diesem Genre auf wohltuend moderne Art und Weise.

92. RESTAURANT SÚDUR VÍK

VÍK • RESTAURANT
Suðurvegur 1

Das schönste und gemütlichste Restaurant in Vík und ein Ort für Touristen und Locals gleichermaßen. Serviert wird hier internationale Küche, von Burger und Pizza bis fangfrischem Fisch und isländischem Lamm. Wegen der urigen Atmosphäre und dem typisch isländischen Bauernhausstil kann man hier auch bestens Kaffee und Kuchen genießen.

93. ÞAKGIL – CAMPING-PLATZ

ERLEBNIS
N63°31'51" W18°53'19"

Das Tal ist ein wunderbares kleines Hochland-Abenteuer, denn die Fahrt führt auf etwas holpriger Strecke an den Gletscherabflüssen vorbei (auch ohne 4×4 machbar) und man kann eine Vielzahl unterschiedlicher traumhafter Wanderungen unternehmen. Diese führen zu versteckten Wasserfällen und eindrucksvollen Aussichtspunkten. Da der Campingplatz etwas abseits der Ringstraße liegt, ist hier auch etwas weniger Betrieb als an den sonstigen Attraktionen. Wer über Nacht bleiben will und nicht zelten möchte, der kann auch Cottages mieten.

94. HRÍFUNES GUESTHOUSE

HRÍFUNESVEGUR • HOTEL
hrifunesguesthouse.is

Dieses kleine, herzliche, familiäre Gästehaus hat die perfekte Lage, denn viele der zuvor genannten spektakulären Orte sind mit kurzer Fahrt im Rahmen von Tagesausflügen von hier aus erreichbar. Die beiden Inhaber Hadda and Haukur haben zudem eine Passion für das Kochen und die Fotografie. Während eines Aufenthaltes kommt man in den Genuss davon, denn das Essen wird täglich auf hausmännische Art selbst gekocht, und auf Anfrage organisieren die beiden auch individuelle Touren. Unbedingt nachfragen, denn das wird ein unvergessliches Erlebniss!

95. MOOSLANDSCHAFT
ERLEBNIS
N63°41'17" W18°20'41"

Auf einem Stück von etwa zehn Kilometern fährt man durch eine atemberaubende moosbedeckte Lavalandschaft. Es gibt nur wenige Haltebuchten, aber ein Halt ist unbedingt zu empfehlen. Es ist ein absolut unvergessliches Erlebnis, wenn man nur wenige Meter in die Mooslandschaft hineinwandert, sich mitten in diesen Moosteppich hineinlegt und einfach die Augen schließt.

96. FJAÐRÁRGLJÚFUR
ERLEBNIS
N63°46'17" W18°10'19"

Die Südküste überrascht uns immer wieder neu, denn hier öffnet sich wie aus dem Nichts ein gigantischer Canyon! Bis zum höchsten Aussichtspunkt am Wasserfall wandert man gemütlich in etwa 30 Minuten. Bei unserem Besuch gab es oberhalb noch einen weiteren, deutlich näheren Parkplatz, der mit einem normalen Auto leicht zu erreichen ist. Bei Regenwetter ist er gegebenenfalls vorzuziehen. Ein einzigartiges Erlebnis ist es zudem, wenn man barfuß durch den Fluss im Tal watet. Zur Drucklegung dieses Buches wurde dieser Weg durch das Tal jedoch temporär zum Schutz der Flora und Fauna gesperrt.

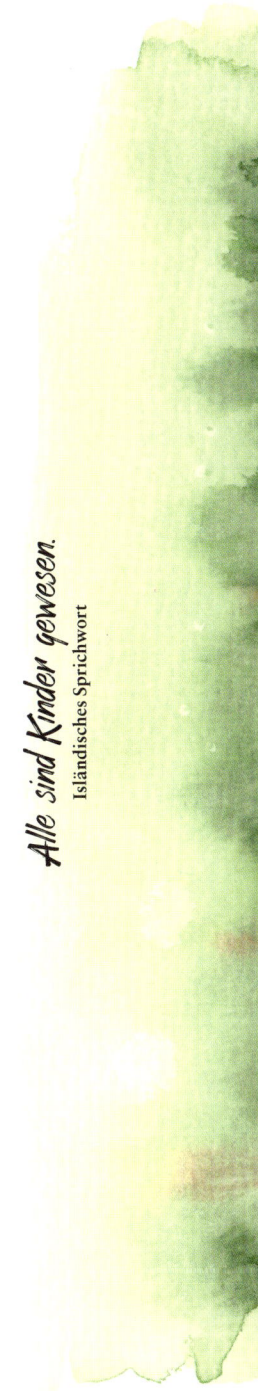

Alle sind Kinder gewesen.
Isländisches Sprichwort

8. Südosten

Der größte Gletscher Europas bildet das Zentrum des Vatnajökull Nationalparks, der einzigartige Gletscherwanderungen
und Bootstouren in die fantastischen Gletscherlagunen mit den
gigantischen Eisbergen ermöglicht. Diamond Beach und Jökulsárlón bezaubern uns bei Sonnenaufgang und zum Dinner genießen wir Romantik und Kulinarik in Höfn.

Interessante Orte:
Skaftafell Nationalpark, Vatnajökull,
Svartifoss, Diamond Beach, Jökulsárlón,
Otto Matur & Drykkur in Höfn

99.

97. DVERGHAMRAR

ERLEBNIS
N63°50'57" W17°51'41"

Oft gibt es zu den bekanntesten Touristenattraktionen ein Äquivalent, welches kaum besucht wird, obwohl es ebenso beeindruckend ist, nur weil es eine Dimension kleiner ist. Der berühmte schwarze Sandstrand Reynisfjara mit der imposanten Wand aus Basaltsäulen zieht viele Touristen an, doch hier in Dverghamrar findet man die gleichen Basaltsäulen, nur eben etwas kleiner. Hier hat man jedoch Glück und ist häufig ganz allein und kann sich in Ruhe die zeitliche Dimension und den gewaltigen Entstehungsprozess dieser bizarr versteinerten Lava bewusst machen.

98. SKAFTAFELL NATURRESERVAT

ERLEBNIS
N64°1'0" W16°57'56"

Das Skaftafell-Reservat gehört zum Nationalpark Vatnajökull und bietet mit dem Svartifoss ein besonderes Highlight, denn hier stürzt der Wasserfall eindrucksvoll über schwarze Basaltsäulen hinab. An den Formationen hinter dem Wasserfall lässt sich deutlich erkennen, wie die Lava einst strömen musste und man kann sich fast bildlich vorstellen dabei gewesen zu sein. Die Wanderung zum Wasserfall beträgt eine gute halbe Stunde, die erste Hälfte des Weges führt steil hinauf. Kurz unterhalb des Svartifoss kann man dann den Bach über eine Brücke überqueren und die Wanderung als Rundweg fortsetzen.

99. DIAMOND BEACH

ERLEBNIS
N64°2'29" W16°11'9"

Wir waren zunächst im Jökulsarlón und sind just, als die ersten Sonnenstrahlen die Eisberge berührten, zum Diamond Beach hinüberspaziert. Immer wenn wir denken, es könne nicht schöner werden, überrascht uns Island auf ein Neues. Die riesigen Eisschollen werden aus der Gletscherlagune herausgespült und an den schwarzen Vulkansandstrand geschwemmt. Hier liegen sie und funkeln in der Sonne wie kleine Diamanten. Die Wellen bewegen die Eisdiamanten im Sonnenlicht und der Zuschauer ist wie elektrisiert. Jeder fotografiert wie verrückt, weil man die Schönheit dieser Szene einfach für die Ewigkeit festhalten möchte. Wir setzen uns. Sind ganz leise. Sind traurig und glücklich zugleich. Traurig über die Vergänglichkeit der Dinge, wie sie dahinschmelzen. Wie die Gletscher durch menschliches Handeln verschwinden. Und gleichzeitig glücklich darüber, diese kostbare Schönheit der Natur erleben zu dürfen.

103.

100. JÖKULSÁRLÓN

ERLEBNIS
N64°2'54" W16°10'46"

Nie wieder werden wir diesen Moment im Jökulsárlón vergessen: Der Tag bricht an, wir hören das schwere Eis brechen und beobachten die Seehunde, wie sie neugierig entlang der Eisberge schwimmen. Dahinter ragt der gigantische Vatnajökull auf, der mit Schlieren von schwarzem Vulkansand bedeckt ist. Aus der Entfernung ahnt man kaum die unfassbare Dimension dieses Gletschers, doch wenn man einmal darauf wandern war (was wir absolut empfehlen!), bekommt man ein vages Verständnis dafür. Am besten zum Sonnenaufgang kommen!

101. HAFNARBUÐIN

HÖFN • RESTAURANT
Ránarslóð 12

So geht stilechtes Fish & Chips auf Isländisch! Das Imbisshäuschen liegt direkt am Hafen, die Pommes sind knusprig, der Fisch frisch und die Burger beliebt bei den Locals. Für einen besonders schnellen Lunch gibt es auch einen Drive Through.

102. OTTO MATUR & DRYKKUR

HÖFN • RESTAURANT
Hafnarbraut • maturogdrykkur.is
+354 478 1818

Das Otto Matur & Drykkur wurde erst in 2018 von Auður Mikaelsdóttir und ihrem Mann gerade neu eröffnet und schon ist es für uns das beste Restaurant in Höfn! Man fühlt sich von Auður und ihrem Team wie bei Freunden empfangen, die Atmosphäre ist friedlich und romantisch, kurz: der perfekte Ort, um die Schönheit der Natur bei einem exzellenten Abendessen zu reflektieren. Die Hummercremesuppe wird vom Chef seit Jahren perfektioniert und das schmeckt man, denn es war die beste, die wir auf Island kosten durften. Unser persönlicher kulinarischer Lieblingstipp!

103. PAKKHÚS

HÖFN • RESTAURANT
Krosseyjarvegi 3 • pakkhus.is • +354 478 2280

Das Pakkhús ist eine Hummer-Institution in Höfn! Das urige Restaurant, das ursprünglich 1930 als Lagerhaus erbaut wurde, besitzt den Charme einer Gastwirtschaft, in der die Atmosphäre naturgegeben laut und belebt ist. Die Tische stehen nah beieinander, man blickt direkt auf den Hafen und verköstigt hervorragende Hummergerichte, aber natürlich auch isländisches Lamm oder fangfrischen Fisch.

9. Osten

Im Vergleich zu anderen Regionen Islands ist der Osten weniger aufsehenerregend, doch genau darin liegt sein Charme. In den Ostfjorden finden sich friedlich malerische Wanderwege, in den Bergen kann man mutterseelenallein zauberhafte Wasserfälle erkunden und in Seydisfjördur gibt es meisterliches Sushi aus fangfrischem Islandfisch.

Interessante Orte:
Ostfjorde, Öxi Bergpass, Laugavallalaug, Havarí Farm, Norð Austur, Seydisfjördur, Hengifoss

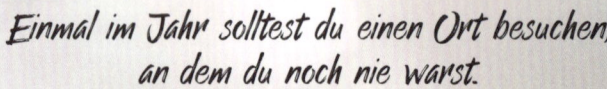

Einmal im Jahr solltest du einen Ort besuchen,
an dem du noch nie warst.

Dalai Lama

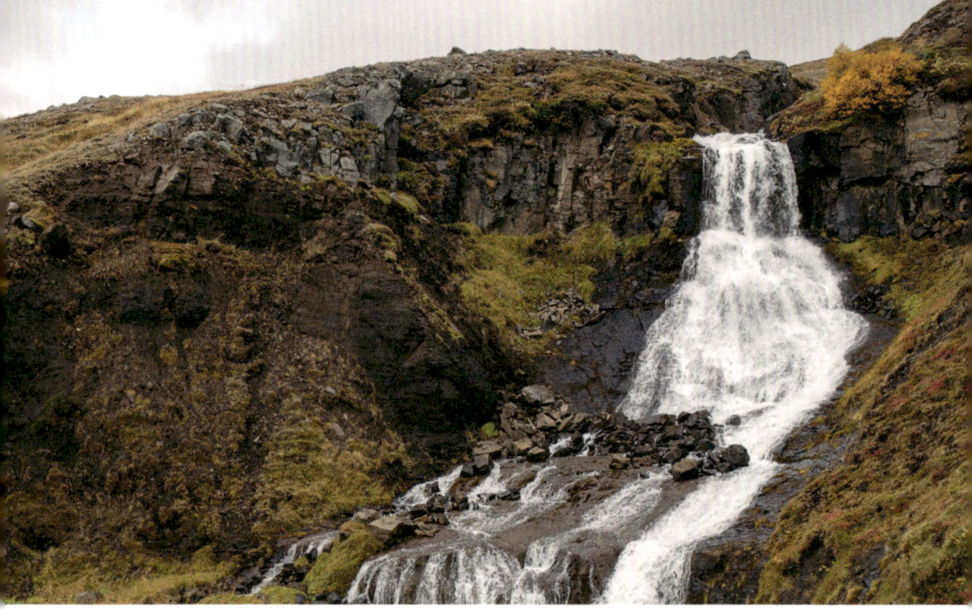

111.

1

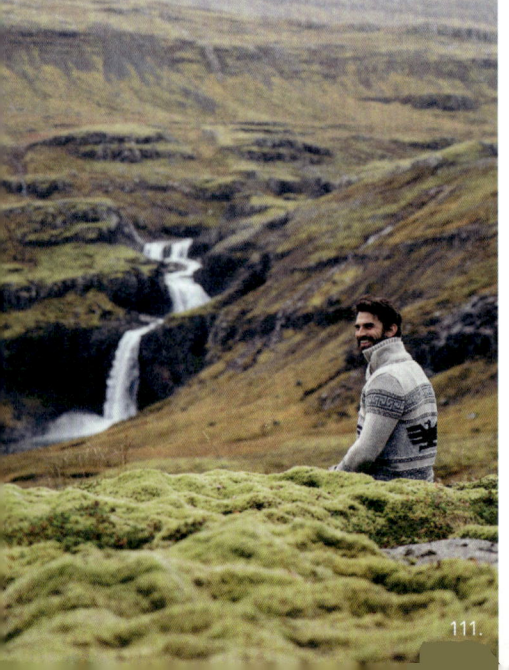

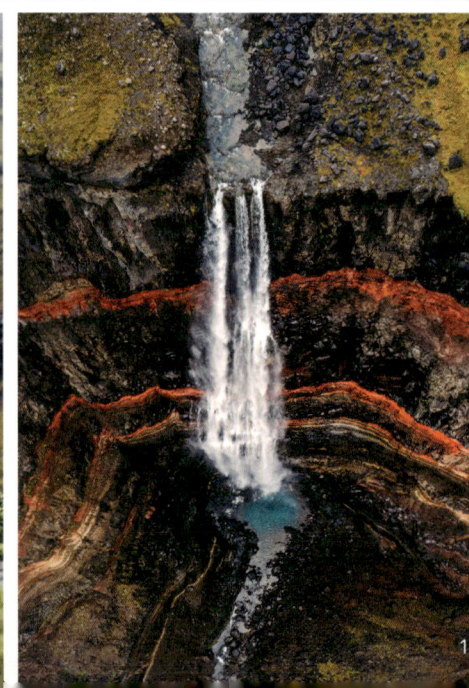

112.

112.

112.

112.

104. HAVARÍ FARM

RESTAURANT
N64°41'43" W14°13'40"

Die Havarí Farm ist viel mehr als nur ein gemütliches Café und Restaurant, es ist eine Art Kulturzentrum. Für Locals auf der ganzen Insel ist es eine feste Institution für Events und Live-Musik. Regelmäßig treten großartige Künstler auf. Das Inhaberpaar Berglind und Svavar lebt hier mit seinen Kindern und baut selbst Gemüse für das Restaurant an. Daraus machen sie sensationelle vegane Bratwürste! Ach ja, und ihr eigenes Musiklabel haben sie auch noch – Prins Polo! Havarí ist also ein Ort der vielseitigen Kreativität. Die Zimmer und Infrastruktur des Gästehauses sind sehr einfach im Stil einer Herberge gestaltet, aber die Lage ist perfekt, um die Ostfjorde zu erkunden und Berglind & Svavar haben fantastische Tipps für Wanderungen und Unternehmungen in der Umgebung.

105. DJÚPAVOGSKÖRIN

ERLEBNIS
N64°39'12" W14°20'32", Djúpivogur

Kurz vor der Abzweigung zum Öxi-Pass bei Djúpivogur liegt übrigens ein kleiner geheimer Hot Pool, den wir nicht unerwähnt lassen wollen: Djúpavogskörin. Direkt neben der Ringstraße mit tollem Ausblick!

106. BÚLANDSNES RESERVAT

ERLEBNIS
N64°38'46" W14°16'11", Djúpivogur

Kurz hinter Djúpivogur beginnt die wunderschöne Wanderung durch das Búlandsnes Reservat, eines der bekanntesten Vogelschutzgebiete Europas. Bei Niedrigwasser kann man zum Strand Úlfseyjarsandur wandern.

107. BELJANDI BRAUEREI

RESTAURANT
Sólvellir 23, Breiðdalsvík

Wenn unsere Locals Berglind & Svavar in eine Bar gehen, dann kommen sie hierher in die kleine Brauerei Beljandi. Außen unscheinbar, ist es innen sehr gemütlich eingerichtet und der Blick auf die Fjorde ist herrlich.

108. THE FRENCH MUSEUM

KULTUR
Vattarnesvegur, Fáskrúðsfjörður

Ein französisches Museum in Island? Es ist überraschend, aber tatsächlich reicht die Geschichte französischer Fischer in Island bis zurück in das 17. Jh. Das Haus, in dem das Museum untergebracht ist, wurde im Jahr 1900 erbaut und widmet sich diesem speziellen und spannenden Thema.

109. RANDULFFS SEAHOUSE

RESTAURANT
N65°3'52" W13°59'55", Eskifjörður

Ohne unsere Locals von der Havarí-Farm hätten wir dieses kleine abgelegene Restaurant direkt am Meer niemals gefunden! Serviert wird frischer Fisch und Rentier auf original isländische Art, dazu gibt es einen fantastischen Blick auf den Fjord.

110. BEITUSKÚRINN

CAFÉ
Egilsbraut 21, Neskaupstaður

Uriges kleines Fischerhaus, wo man im Sommer fabelhaft auf der Terrasse am Wasser sitzen kann.

111. ÖXI PASS

ERLEBNIS
N64°54'4" W14°38'8"

Diese Nebenstraße gehört für uns zu einer der schönsten Straßen Islands! Wir kommen während der Fahrt aus dem Staunen nicht heraus, denn nach jeder Serpentine entdecken wir sagenhafte Wasserfälle, faszinierende Gesteinsformationen oder imposante Schluchten. Die Straße ist etwas eng und es gibt nur wenige Haltemöglichkeiten, daher sollte man die wenigen unbedingt nutzen und die Gegend erkunden. Einfach für einen Wasserfall entscheiden und loswandern, der Weg ist das Ziel. Im Sommer lässt sich die bergige Schotterstraße mit dem Auto gut befahren, bei starken Regenfällen wird sie jedoch sehr schlammig und es empfiehlt sich ein Jeep mit four-wheel-drive.

112. VALLANES BIO-FARM

EGILSSTAÐIR • RESTAURANT
Vallanes

Dieses biologische Refugium wird mit viel Liebe und Passion für Nachhaltigkeit gestaltet und stetig erweitert. Auf dem Weg zum kleinen Restaurant kommt man an wilden Gemüsebeeten und Gewächshäusern vorbei und wir staunen nicht schlecht, was hier alles angebaut wird. Der Lunch besteht aus einem kleinen Buffet mit den Köstlichkeiten des Gartens und einer Gemüsesuppe. Das Highlight sind allerdings die himmlischen Pancakes mit Früchten und Blüten.

113. SKRIDUKLAUSTUR

RESTAURANT
Fljótsdalsvegur, Egst

Im Anschluss an eine Wanderung zum Hengifoss kommt das gemütliche Restaurant Klausturkaffi gerade richtig. Sowohl für herzhafte isländische Gerichte am Mittag als auch für leckere selbst gebackene Torten am Nachmittag. Im Haus befindet sich zudem ein Museum, das sich dem hier Anfang des 20. Jahrhunderts lebenden Schriftsteller Gunnar Gunnarsson und den benachbarten Ruinen eines Klosters aus dem 16. Jahrhundert widmet.

114. WILDERNESS CENTER

CAFÉ
N64°57′51″ W15°9′28″, Egilstaðir

Ein absolut wunderbarer Geheimtipp
ist diese Unterkunft, die gleichzeitig ein
Museum beherbergt. Das Museum ver-
anschaulicht das Leben und Arbeiten auf
isländischen Bauernhöfen. Man nächtigt
hier auf sehr authentische und intime
Weise. Das Wilderness Center liegt,
wie der Name sagt, umgeben von ur-
sprünglicher Natur, die es zu erkunden
gilt. Dazu einfach die Inhaber Arna &
Denni nach ihren Tipps fragen. Auch für
Gäste, die hier nicht übernachten, ist es
zu empfehlen.

115. HENGIFOSS

ERLEBNIS
N65°5'44" W14°53'22"

Die sehr schöne Wanderung zu diesem beeindruckenden Wasserfall mit
einer Fallhöhe von 118 Metern dauert
etwa zwei Stunden inklusive Rückweg.
Der Wasserfall wird wie vor einer geologischen Bühne präsentiert, denn die
Gesteinswand dahinter ist durchzogen
von markanten rötlichen Streifen. Diese
entstanden durch eisenhaltige Lehm-
böden, die durch die darüberfließenden
Lavaströme versteinerten.

116. LAUGAVALLALAUG

ERLEBNIS
N65°0'24" W15°45'45"

Für Abenteurer mit einem robusten Jeep
haben wir diesen einzigartigen Tipp
als Empfehlung vom Vallanes Biohof
bekommen. Es handelt sich um einen
Wasserfall, der aus einer warmen Quelle gespeist wird und in einen natürlichen
Hot Pool fließt. Man kann also tatsächlich unter einem warmen Wasserfall
baden! Der Ort ist nicht leicht zu finden,
daher auf jeden Fall bei einem Mittagessen in der Vallanes Biofarm nachfragen und sich den Weg erklären lassen.

117. NORÐ AUSTUR

SEYÐISFJÖRÐUR • RESTAURANT
Nordurgata 2, nordaustur.is, +354 787 4000

Das beste Restaurant im Osten Islands!
Hier wird täglich fangfrischer Fisch zu
Sushi verfeinert. Dem Restaurant ge-
lingt eine wundersame Mischung aus
den Kulturen Japans und Islands: isländischer Fisch auf japanische Weise. Das
Sushi wird hier meisterlich angerichtet
und genügt den höchsten Ansprüchen
an Geschmack und Ästhetik. Bei unserem Aufenthalt in der Deplar-Farm im
Norden Islands haben wir selbst einen
Fisch gefangen und direkt danach roh
als Sushi gegessen. Ein wunderschönes
Erlebnis, das auch hier zelebriert werden
kann.

118. HÓTEL ALDAN

SEYDISFJÖRDUR • UNTERKUNFT
Nordurgata 2 • hotelaldan.is • +354 472 1277

Zu dem eben erwähnten Sushi Restaurant Norð Austur gehört dieses charmante Hotel im isländischem Landhausstil. So verwundert es nicht, dass die isländischen Gerichte zum Lunch und Dinner im Hotel ebenfalls vorzüglich schmecken. Die Zimmer sind einfach, aber liebevoll und authentisch eingerichtet. Der perfekte Ausgangspunkt, um die isländischen Ostfjorde zu erkunden.

119. STÓRURÐ

ERLEBNIS
N65°32'34" W14°0'21"

Die Wanderung nach Stórurð gehört zu den Lieblingstipps unserer Locals Berglind & Svavar und beginnt beispielsweise am Pass Vatnsskarð. Bei der letzten Eiszeit vor 10.000 Jahren haben die Gletscherbewegungen riesige Felsen mit sich gerissen, die das Landschaftsbild im Tal Urðardalur am Fuße des Bergs Dyrfjöll prägen. Man kann hier herrlich über saftig grüne Wiesen zwischen diesen Felsgiganten entlangwandern und kommt an fantastische smaragdfarbene Seen.

120. SELÁRDALSLAUG

ERLEBNIS
N65°48'9" W14°54'41"

Das kleine Schwimmbad liegt absolut abgelegen und das macht seinen Reiz aus. Hier baden die Locals und solche authentischen Erlebnisse gehören zu jeder Islandreise unbedingt dazu.

10. Norden

Der Norden bietet in stiller Atmosphäre majestätische Fjorde, geothermale Gebiete mit bunt rhyolitischen Bergen und bizarren Lavalandschaften, herrliche Naturbäder, traditionelle Fischerorte, köstliche Restaurants, einsame Inseln am Polarkreis und viele Outdoor-Erlebnisse wie Wanderungen, Hochseefischen oder Kajaktouren!

Interessante Orte:
Mývatn, Dettifoss, Grímsey, Hofsós, Grettirs Pool, Drangey, Hvítserkur, Akureyri

121. DETTIFOSS

NORDEN • ERLEBNIS
N65°48'46" W16°24'3"

Durch einen kleinen Abstecher von der Route 1 kommt man zu der atemberaubenden Schlucht Jökulsárgljúfur, wo der Fluss Jökulsá á Fjöllum geradewegs in die Tiefe stürzt. Der Fluss selbst entspringt am nördlichen Teil des Gletschers Vatnajökull und bringt sich im Dettifoss-Wasserfall dramatisch zum Ausdruck. Selten haben wir uns so klein gefühlt wie hier, am größten Wasserfall Europas!

127.

128.

124.

125.

122. HLJÓÐAKLETTAR

NORDEN • ERLEBNIS
N65°56'9" W16°32'14"

Hljóðaklettar bedeutet übersetzt Echofelsen und beschreibt eine Vielzahl unterschiedlichster Lavaformationen, Höhlen und Labyrinthe, die hier in verschiedenen einfachen Spaziergängen erkundet werden können.

123. ÁSBYRGI CANYON

NORDEN • ERLEBNIS
N66°0'8" W16°30'42"

Im Sommer grünt und blüht hier die Natur und es lassen sich einfache und schöne Wanderungen machen, die durch kleine Birkenwälder hin zu einer beeindruckenden Steilklippe führen. Wirklich interessant wird dieser Canyon jedoch, wenn man ihn in Zusammenhang mit den zuvor gesehenen Lavafeldern Hljóðaklettar sieht. Vor mehr als 11.000 Jahren gab es hier eine der größten Eruptionen auf Island, die zu einem Lavastrom von einer Million Kubikmetern pro Sekunde führte. Das ist etwa tausendmal mehr, als die Wassermenge, die der Rhein aufweist. Dieser gewaltige Lavastrom erzeugte die enormen Steilklippen von Ásbyrgi.

124. NÁMASKARÐ

NORDEN • ERLEBNIS
N65°38'27" W16°48'34"

Das Geothermalgebiet liegt in direkter Nähe zum See Mývatn und zeugt von der geologischen Geschichte der Region. Der Parkplatz liegt direkt an dem rauchenden, pfeifenden und sehr unwirklich wirkenden Gebiet. Also Wanderstiefel an und hoch auf den Hügel Námafjall, von wo man den besten Blick hat.

125. DIMMUBORGIR

NORDEN • ERLEBNIS
N65°35'26" W16°54'46"

Das Gebiet Dimmuborgir bildet eine Gegend mit äußerst bizarren Lavaformationen. Ein besonders auffallender Felsen wurde sogar mit einem eigenen Namen geehrt, nämlich der Felsenbogen Kirkjan. Man kann hier einen sensationellen Spaziergang bis auf den vulkanischen Krater Hverfjall unternehmen. Vor etwa 2.500 Jahren haben Wasserdampfexplosionen diesen Krater hier geformt. Bei einer Wanderung auf den Krater fühlen wir uns ein bisschen wie auf dem Mond und sind beeindruckt von der fantastischen Symmetrie dieser Erhebung, die einen Kilometer breit ist.

126. HÖFÐI

NORDEN • ERLEBNIS
N65°34'15" W16°57'13"

Vom Parkplatz aus geht man etwa 30 Minuten und hat einen schönen Blick auf den See Mývatn mit den vielen kleinen Lavainseln. Besonders im Winter, wenn die Lavasäulen mit Schnee bedeckt sind, malt die Natur hier ein wundersames Bild.

127. GRJÓTAGJÁ

NORDEN • ERLEBNIS
N65°37'38" W16°52'54"

Wir geben es zu, wir sind Fans der Fernsehserie „Game of Thrones". Und in dieser fantastisch schönen Höhle mit dampfend warmen Wasser wurde die Liebesszene zwischen Jon Schnee und Ygritte gedreht. Mehr als ein kurzer Einblick ist hier jedoch leider nicht möglich. In einer weiteren, etwa 100 Meter entfernten Höhle hingegen ist der Eingang mit einem Gitter und Vorhängeschloss abgesperrt, um die Höhle vor Beschädigung zu wahren. Unser Local Soulmate vom Vogafjós Cowshed Café hat einen Schlüssel und geht hier mit Freunden nachts zum Baden. Wir konnten sogar das Shampoo noch auf dem Felsen liegen sehen. Welch wunderbare Vorstellung!

128. MÝVATN NATURBAD

MÝVATN • ERLEBNIS
Jarðbaðshólar • myvatnnaturebaths.is
+354 464 4411

In Mývatn befindet sich der kleine Bruder der Blauen Lagune von der Halbinsel Reykjanes, und diese Lagune ist genauso schön, aber deutlich weniger besucht. Wir empfehlen eine der vielen Wanderungen in der Umgebung zu unternehmen, einen Besuch im eindrucksvollen Geothermalgebiet Námaskarð und im Anschluss das Mývatn Naturbad zum Entspannen zu besuchen. Mit etwas Glück regnet oder schneit es, dann ist der Hot Pool am allerschönsten.

129. VOGAFJÓS COWSHED CAFE

MÝVATN • RESTAURANT
Vogafjós • vogafjos.is • +354 464 3800

Das Restaurant ist von außen absolut unscheinbar und man denkt am falschen Ort zu sein, wenn man vor den großen bunt folierten Heuballen parkt. Der Eingang zu diesem einfachen und gemütlichen Lokal befindet sich um die Ecke. Das Lamm ist göttlich und das Konzept sehr persönlich und authentisch. Erst vor wenigen Jahren haben sich unsere Local Soulmates hier entschlossen, aus dem Bauernhof ein Restaurant zu machen. Die Produkte werden nahezu vollständig auf dem eigenen Bauerhof hergestellt und die ganze Familie hilft dabei mit. Am Tag des Interviews zog gerade ein Schneesturm auf und unser Interviewpartner sprintete nach einem Anruf plötzlich los: Die Schafe mussten vom Berg getrieben werden!

130. VOGAFJÓS FARM

MÝVATN • UNTERKUNFT
Vogafjós • vogafjos.is • +354 464 3800

Auf Island wird es zunehmend schwieriger, von der reinen Landwirtschaft zu leben. Aus diesem Grund hat die Familie unsere Locals Skarphéðinn ihren Bauernhof durch ein Restaurant erweitert. Als dieses zum Erfolg wurde, beschlossen sie kurzerhand, auch noch ein kleines Gästehaus hinzuzubauen. Auch dieses ist schlicht und schön gelungen und ein authentischer Ort, um die Region zu erleben. Und vielleicht findet man eine Möglichkeit, mit den Locals auf Rentierjagd ins Landesinnere zu fahren …

131. GOÐAFOSS

NORDEN • ERLEBNIS
N65°40'59" W17°33'3"

Wow! Wir kamen kurz nach Sonnenuntergang und erlebten den Goðafoss
zur Blue Hour in einem dramatischen
Licht. Die steilen Klippen reichen direkt
bis zum Grund, auf den dieser gewaltige
Wasserfall hinabstürzt. Im Vergleich zu
vielen anderen Wasserfällen gibt es hier
keine Absperrung und man kann dicht
an die Klippe herangehen, sich hier hin-
setzen und vom Getöse einnebeln lassen.

*Die schönsten Erinnerungen sind
stets Erlebnisse, für die man sich
Zeit genommen hat.*

Charles Kuralt

137.

137.

132. KAFFI KÚ

NORDEN • CAFÉ
N65°36'12" W18°1'59"

Das Kaffi kú liegt knappe zehn Kilometer außerhalb von Akureyri und ist ein verrücktes Café, denn es liegt innerhalb eines großen, sehenswerten Kuhstalls. Die Waffeln sind super, der Kaffee lecker und die Burger mit Fleisch aus eigener Aufzucht. Toller Tipp!

133. STRIKIÐ

AKUREYRI • RESTAURANT
Skipagata 14 • strikid.is • +354 462 7100

Auf der Dachterrasse des Strikið hat man bei entspannter Atmosphäre, freundlichem Service und herzhaftem leckerem Essen einen wunderbaren Blick auf Akureyri. Unbedingt die Langustensuppe wählen.

134. CAFÉ BERLIN

AKUREYRI • CAFÉ
Skipagata 4

Das beste Café in Akureyri sowohl zum Frühstück als auch am Nachmittag für Waffeln und Kaffee!

135. RUB23

AKUREYRI • RESTAURANT
Kaupvangsstræti 6 • rub23.is • +354 462 2223

Akureyri hat eine vielfältige Restaurant-Szene. Das ausgezeichnete Restaurant Rub23 serviert in schicker und belebter Atmosphäre ebenso schicke wie meister-lich abgestimmte Fischgerichte mit asiatischem Twist. Auf jeden Fall vorher reservieren!

136. HLÍÐARFJALL

NORDEN • ERLEBNIS
N65°39'45" W18°12'40"

Eine super Empfehlung von unserem Soulmate Griff ist eine Ausfahrt auf den Berg Hlíðarfjall. Man kann im Sommer bis ganz hoch zu den Skiliften fahren und hat vom Gipfel einen fantastischen Blick auf Akureyri und den Hafen.

137. BRUGGSMIÐJAN BRAUEREI

ÁRSKÓGSSANDUR • BRAUEREI
Öldugata • bruggsmidjan.is • +354 466 2505

Eine der erfolgreichsten Brauereien Islands liegt im hohen Norden: die Bruggsmiðjan Brauerei mit dem köstlichen Kaldi-Bier. Die Eltern unseres Soulmates Sigurður Bragi Ólafsson haben sich neu erfunden und sind vom Fischfang in die Bierbrauerei gewechselt. Die beiden Pioniere haben durch die entstandenen Arbeitsplätze einen gesamten Ort am Leben erhalten. Das Restaurant ist ebenfalls köstlich und bietet herzhafte lokale Küche sowie ausgezeichnete BBQ-Gerichte.

„Wer glücklich sein möchte, muss sich oft verändern."

– Konfuzius

Wenn die Straße kein Ende hat.

136. Hlíðarfjall
ERLEBNIS
N65°39'45" W18°12'40"

138.

138.

138. GISLI EIRIKUR HELGI KAFFIHÚS

DALVÍK • CAFÉ
Grundargata 1

Der Lieblingstipp von unserem Local Siggi, der wie viele andere Locals hier gern für die wunderbare Fischsuppe und den Kaffee herkommt. Tipp: mit der Suppenkelle immer gut umrühren, dann findet man unten im Suppenkessel wahre Fischsud-Perlen! Das Café liegt direkt am Hafen, von wo aus auch die Fähre nach Grimsey ablegt. Der beste Platz ist in der oberen Etage mit direktem Blick auf das Meer. Etwas versteckt im hinteren Teil des Cafés im Erdgeschoss gibt es ein kleines, absurdes Kino mit roten Plüschsesseln, in dem in Dauerschleife Islandfilme gezeigt werden. Herrlich!

139. SEGULL 67 BRAUEREI

SIGLUFJÖRÐUR • BRAUEREI
Vetrarbraut 8 • segull67.is • +354 863 2120

Erst 1989 wurde Bier auf Island völlig legalisiert, zuvor gab es eine Prohibition, die seit der Einführung im Jahr 1915 Schritt für Schritt reduziert wurde. In der Folge entstanden gerade in den letzten 20 Jahren viele kleine Mikrobrauereien, die mit großer Passion und Ehrgeiz ein tolles neues isländisches Handwerk begründet haben. Auch in der Segull Brauerei kann man köstliche und persönliche Einblicke bekommen. Vorher Termin vereinbaren.

140. SIGLÓ HÓTEL

SIGLUFJÖRÐUR • UNTERKUNFT
Snorragata 3 • siglohotel.is,

Siglufjörður ist eine super Lage, um die nördliche Halbinsel in Gänze zu erleben. Hier im hohen Norden gibt es nur wenige Hotels, aber dieses ist mit viel Liebe zum Detail gestaltet und aufwendig restauriert. Kürzlich hat sogar noch eine Sauna mit Spa eröffnet, was vor allem im Winter nach einem Skitag purer Luxus ist. Das Hotel liegt direkt am Hafen mit Blick auf die Bucht und wird sehr professionell geführt.

141. GRIMSEY

NORDEN • ERLEBNIS
N66°32'18" W18°1'7"

Eine besondere Empfehlung unserer Locals Áslaug und Griff ist eine kleine Expedition auf die Insel Grimsey. Grimsey liegt direkt auf dem Polarkreis und bietet damit die einzige Möglichkeit zwischen Juni und Juli die direkt einstrahlende Mitternachtssonne zu beobachten.

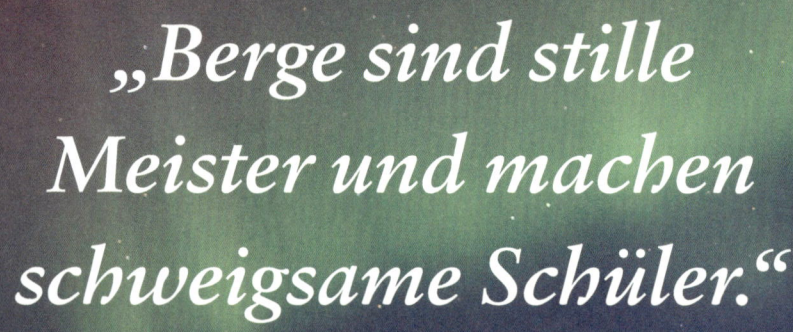

„Berge sind stille
Meister und machen
schweigsame Schüler."

– Goethe

142. DEPLAR FARM

ÓLAFSFJÖRÐUR • UNTERKUNFT
Fljót • elevenexperience.com,

Die Deplar Farm ist ein luxuriöser Sehnsuchtsort der besonders exklusiven Klasse. Intimität, Persönlichkeit, Luxus und das unvergessliche Erlebnis werden hier mit viel Wissen und Können erschaffen. Die mystische Sauna, die unter einem grasbedeckten Berg liegt, der Outdoor Hot Pool mit Blick auf das majestätische Tal, persönliche Yogaklassen, Massagen und phänomenale kulinarische Erlebnisse. Das hat natürlich seinen Preis: die Nacht kostet etwa 4.000 €.

Wir möchten an dieser Stelle zum Ausdruck bringen, dass für uns der größte Luxus, den man sich selbst schenken kann, persönliche, unvergessliche Erfahrungen sind. Jeder kann diese für sich erschaffen und es braucht nicht viel – nur etwas Kreativität und Mut zum Neuen. Dazu möchten auch wir mit unseren Büchern ermutigen. Die Deplar Farm hat dieses Credo in allen Bereichen perfekt integriert: ob das frühmorgendliche Fliegenfischen, bei dem der frisch gefangene Fisch direkt vom Chef als Sushi zubereitet wird, oder die Wanderungen, die durch wunderbar vermitteltes geologisches und biologisches Wissen unvergesslich werden. Denn wer die Dinge versteht, der hat die Möglichkeit, die Schönheit, die ihnen innewohnt, mit höherem Maße wertzuschätzen. Wir empfehlen, sich dazu unbedingt vor Ort entsprechende Literatur zu besorgen. Je nach Interesse für Pflanzen, Geologie oder Tiere. Denn Wissen ist Macht. Die Macht zum Glücklichsein.

Boutique Hotel Deplar Farm

*Die Stille ist das
Atemholen der Welt.*

Friedel-Marie Kuhlmann

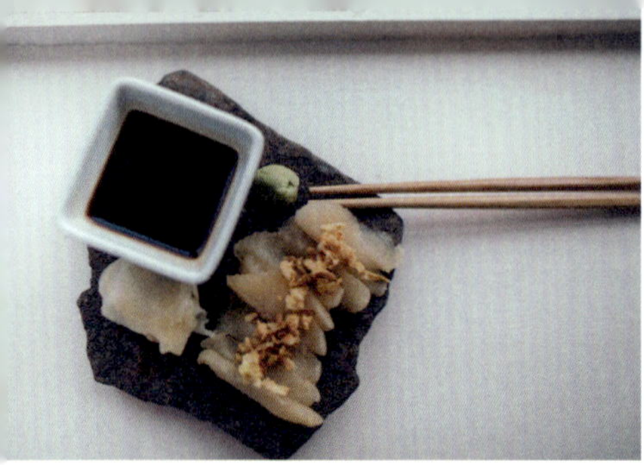
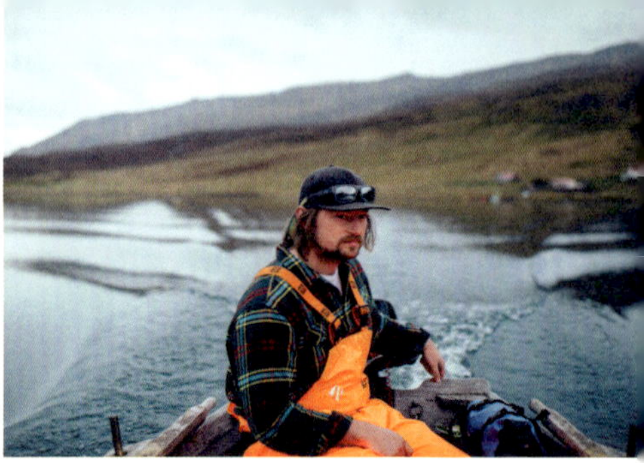
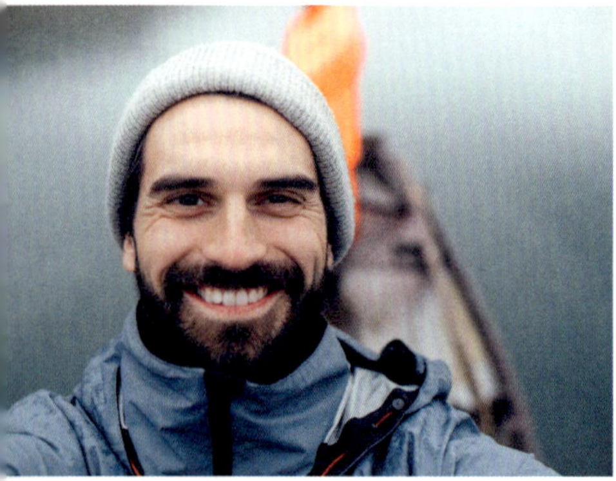
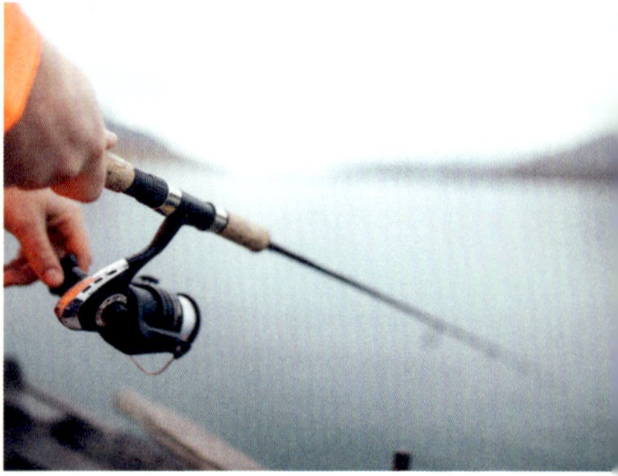
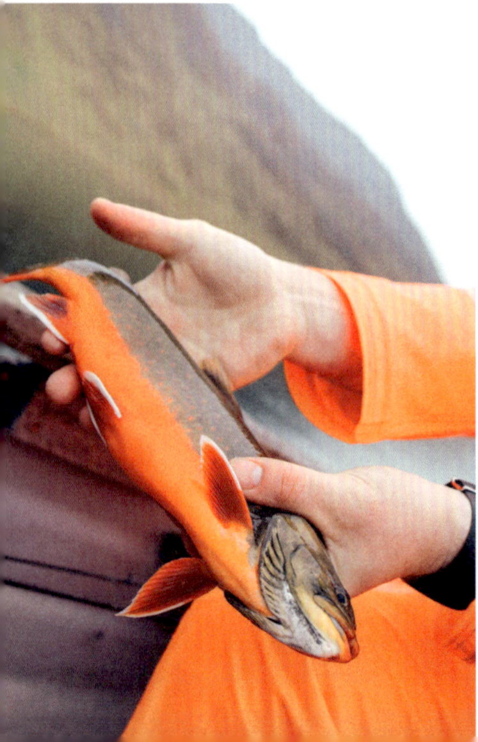
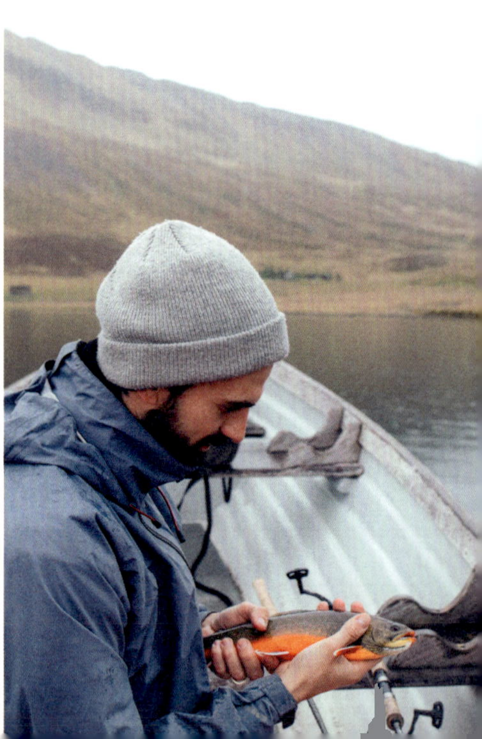

Voller Dankbarkeit für
die Schätze der Natur.

143. SKARÐSVEGUR

NORDEN • ERLEBNIS
N66°7'24" W18°59'13"

Ein weiterer Lieblingstipp von unserem Soulmate Griff: Ein kleiner Wanderweg führt über diesen Pass auf die andere Seite des Berges. Auf dem Weg kann man die majestätischen Bergverläufe genauso bewundern wie die vielfältigen Pflanzen am Grund. Die Schönheit auf Island liegt im Kleinen wie im Großen. Die kleinen Blaubeeren schmecken übrigens ausgezeichnet!

144. SUNDLAUGIN Á HOFSÓS

HOFSÓS • ERLEBNIS
Hofsósbraut

Der spektakulärste Pool Islands! Wir schwimmen hier direkt an der Küste und blicken dabei auf das offene Meer. Unglaublich schön.

145. HAF OG LAND

HOFSÓS • ERLEBNIS
Suðurbraut 15 • sailinginskagafjordur.is
+354 861 9803

Ingvar und seine Crew ermöglichen hier fabelhafte Erlebnisse mit individuell zusammengestelltem Programm: kurze Segeltouren zu naheliegenden Inseln oder längere Ausflüge zum Hochseefischen oder Tagesausflüge nach Drangey. Seine persönlichen Geschichten und sein Wissen über lokale Tiere und Pflanzen machen diese Erfahrung umso spannender.

146. ÁSKAFFI

SKAGAFJÖRÐUR • CAFÉ
Glaumbær

Das kleine gelbe Haus sieht man schon von weitem und es ist ein schöner Ort für eine kurze Pause. Mit Kaffee aus Omas altem Teeservice und einem selbst gebackenen Pfannkuchen.

147. SAUÐÁRKRÓKSBAKARÍ

SAUÐÁRKRÓKUR • CAFÉ
Aðalgata 5 • saudarkroksbakari.net
+354 455 5000

Die Donuts wirken hier völlig unpassend im äußersten Norden Islands, wo man weit weg ist vom westlichen Stadtleben, in das die bunten Gebäcke so wunderbar passen. Sauðárkróksbakarí ist der perfekt Ort, um sich mit Proviant für eine Reise auf eine der kleinen Halbinseln einzudecken. Nach einem feinen Bad in Grettirs Laug schmeckt der Donut jedoch ganz besonders gut.

148. DRANGEY

NORDEN • ERLEBNIS
N65°56'55" W19°41'8"

Áslaug und Griff lieben es besonders, an ungewöhnliche Orte zu reisen und menschenseelenallein auf Entdeckungstour zu gehen. Áslaug kommt ursprünglich von den Westfjorden, vielleicht hat sie deshalb diese Liebe zum Einsamsein, aber auf jeden Fall empfiehlt sie herzlichst einen Tagesausflug nach Drangey.

149. GRETTIRS HOT POOL

NORDEN • ERLEBNIS
N65°52'56" W19°44'11"

Gerade rechtzeitig: Die Sonne geht hinter der Bergkette unter, doch das letzte Licht trifft noch auf den Hot Pool Grettirs Laug. Im Sonnenuntergang genießen wir diese heiße Quelle, die wunderbar gepflegt wird. Was das Bad hier unvergesslich macht, ist der anschließende Sprung ins eiskalte Meer! Man muss sich einfach überwinden. Der Atem steht kurz still, alles zieht sich zusammen. Danach geht es zurück ins wohlig warme Quellwasser und die Haut kribbelt unvergleichlich und man weiß, man war gerade im Meer zwischen Island und Grönland schwimmen. Wow!

150. HVÍTSERKUR

NORDEN • ERLEBNIS
N65°36'23" W20°38'8"

Ein kurzer Spaziergang und man ist an der Küste mit Blick auf den bizarr und düster anmutenden Lavagiganten Hvítserkur. Entstanden ist er aus einem unterirdischen Kanal, in dem die Lava erstarrte. Die umliegende Erde erodierte über die Jahrhunderte und legte den Giganten frei. Doch auch dieser ist von der Erosion gefährdet und deshalb haben Anwohner 1955 eine Betonstütze am Fuß angesetzt. Ohne diesen künstlichen Eingriff wäre Hvítserkur vermutlich bei einem Erdbeben im Jahr 1963 bereits in sich zusammengefallen.

151. GEITAFELL RESTAURANT

NORDEN • RESTAURANT
N65°37'28" W20°49'30"

Wir waren die einzigen Gäste und waren uns zunächst nicht sicher, ob es vielleicht nicht doch besser gewesen wäre, an einen anderen Ort zum Mittagessen zu fahren. Doch zu unserer Überraschung bekamen wir eine himmlisch gute Fischsuppe serviert, die von der Mutter gekocht und von der Tochter serviert wurde. Danke! Hier liegen übrigens auch Prospekte aus, die von der dramatischen Krimigeschichte erzählen, die sich einst auf dieser Halbinsel ereignete.

„Es muß eine
Menge Dinge geben,
gegen die ein heißes
Bad nicht hilft.
Aber ich kenne
nicht viele."

– Sylvia Plath

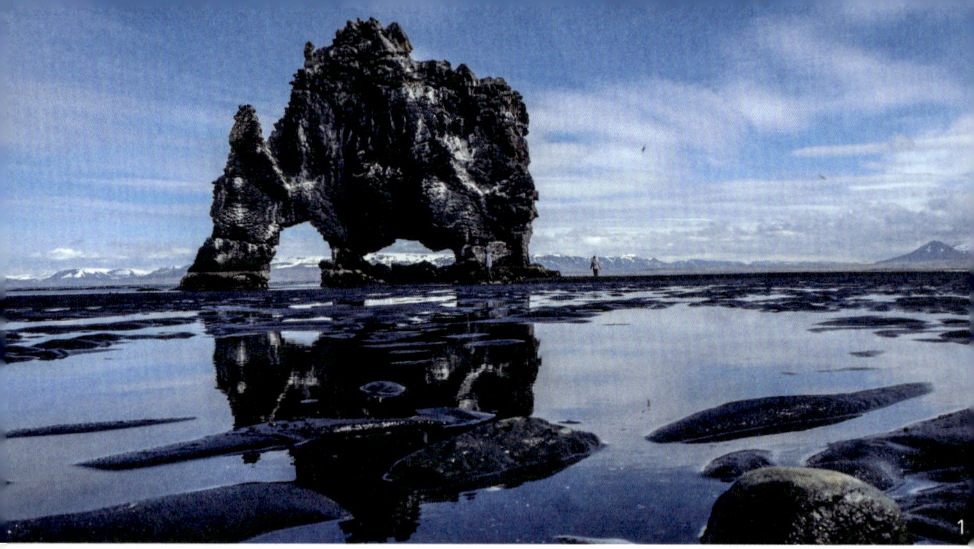

1

Keep calm
SeaFood
75733708
Main Courses
SPECIALITIES
Desserts
Beverages
Soft drinks
juice
beer
White, red
wine
Shots
Hvmar
Lobster tails
Seasoned with
garlic and
fresh salad
3950
200g 5200
Served
with homebaked
bread and
Icelandic butter
Barnasúpa
red lentils soup
with fresh salad
2750
Seafood soup
3200
Kökur
Coffee
time
Cappuccino
Tea
irish coffee
ESPRESSO
coffee
HOT
Chocolate
BREAD

151.

Ceci n'est pas une crevette

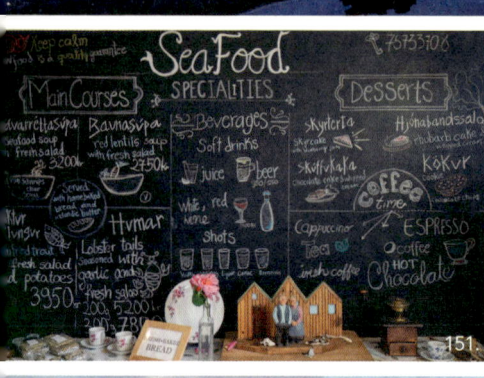

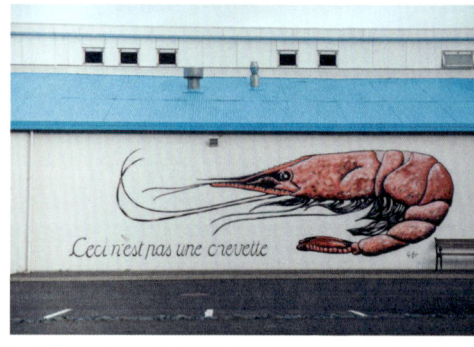

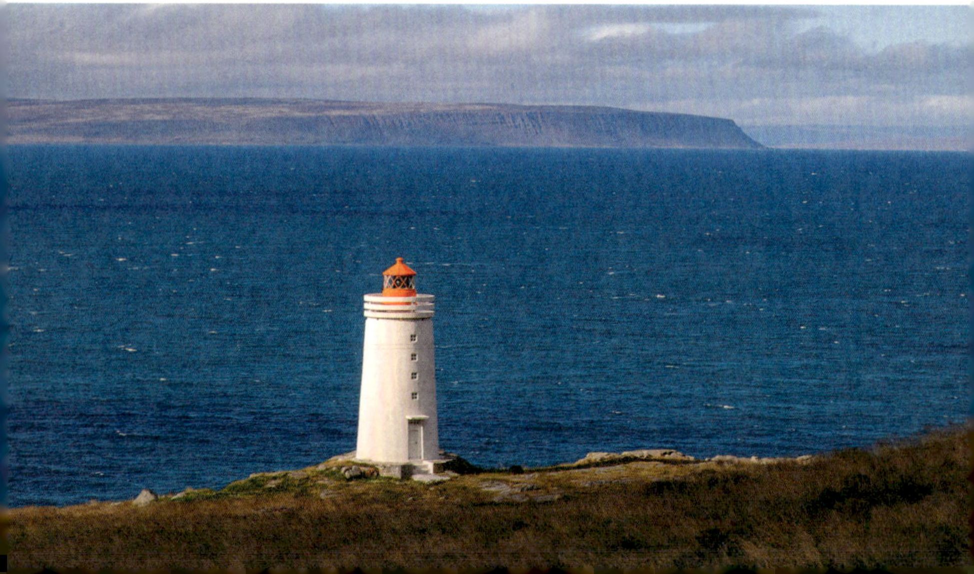

151.

149.

11. Westfjorde

Der abgelegenste Teil Islands bietet wunderschöne und in-
spirierende Einsamkeit. Gigantische Fjorde und authentische
Fischerdörfer, endlose Strände und unzählige winzige Inseln.
Und die besten Steilklippen zur Vogelbeobachtung.

Interessante Orte:
Aðalvík, Krossneslaug, Látrabjarg, Rauðisandur, Dynjandi

Wer neue Wege gehen will,
muss alte Pfade verlassen.

– Manfred Grau

152. HÓTEL FLATEY

UNTERKUNFT
N65°22'34" W22°55'6"

Unser Lieblingshotel in den Westfjorden liegt auf einer winzigen Insel in Richtung Snæfellsnes. Im Winter wohnen hier lediglich fünf Personen, im Sommer sind es knapp 100. Das Hotel hat elf einfache Zimmer im charmanten Islandstil mit geteilten Badezimmern. Das hauseigene Restaurant serviert leckere Gerichte mit frischem Fisch und wild gesammelten Blumen und Kräutern.

153. HELLULAUG

ERLEBNIS
N65°34'21" W23°10'18"

Unterhalb der Straße 60, und zwar direkt an den Klippen am Meer, befindet sich dieser kleine Hot Pool am schwarzen Sandstrand von Flókalundur. Etwa an dieser Stelle ist der erste Siedler Islands, Hrafna-Flóki Vilgerdarson, an Land gegangen.

154. RAUÐISANDUR

ERLEBNIS
N65°28'30" W23°59'30"

Und wieder einmal macht uns Island sprachlos mit diesem endlos langen Sandstrand, der durch die gigantischen Fjorde eingesäumt wird und durch die Schalenfragmente der Jakobsmuscheln rötlich erscheint. In Franska Kaffihúsið kann man den Blick bei Waffeln und Kaffee genießen.

155. LÁTRABJARG

ERLEBNIS
N65°30'8" W24°31'52"

Die Steilklippe Látrabjarg ist der westlichste Punkt Islands und ein einzigartiges Paradies für Vogelbeobachtung. Etwas beängstigend, aber gerade dadurch unvergesslich, ist der Spaziergang entlang der 14 Kilometer langen Steilküste mit Blick über das Meer bis zum Horizont. Die Papageientaucher sitzen hier zum Greifen nah.

156. PATREKSFJÖRÐUR

ERLEBNIS
N65°35'52" W24°0'3"

Das größte Dorf im südlichen Teil der Westfjorde hat knapp 700 Einwohner und ist perfekt als Basis, um den Süden zu erkunden. Es gibt einige kleine Gästehäuser und ein familiäres kleines Restaurant (Stúkuhúsið, Aðalstræti 50).

157. POLLURINN HOT POOL

ERLEBNIS
N65°38'57" W23°53'42"

Authentische rudimentäre Hot Pools am Ende der Welt sind uns die liebsten. Wir blicken hier auf die gigantischen Fjorde und liegen bescheiden und glücklich im warmen Pool. Es gibt auch Duschen und einen sehr einfachen Umkleideraum. Das Besondere hier sind die drei kleinen Pools von warm bis wirklich heiß!

163.

163.

163.

1

158. THE ICELANDIC SEA MONSTER MUSEUM

KULTUR
N65°41'12" W23°35'52", Bíldudalur

In Island gibt es unzählige Mythen und Sagen über Helden, Elfen und Fabelwesen. Daher wundert es auch kaum, dass es hier in den Westfjorden ein kurioses Museum über Seeungeheuer gibt.

benannt, nach Hrafn Sveinbjarnason. Es widmet sich im Wesentlichen dem Leben und Wirken des Jón Sigurðsson, der maßgeblich an den Unabhängigkeitsbestrebungen Islands von Dänemark beteiligt war. In den mit Gras und Moos bedeckten traditionellen Häusern ist zudem ein Café untergebracht. Wir empfehlen die Pancakes!

159. REYKJAFJARÐARLAUG HOT POOL

ERLEBNIS
N65°37'23" W23°28'9"

Es ist sagenhaft hier, gefühlt am Ende der Welt mit Blick auf den Arnarfjordur seine Runden zu schwimmen und sich aufzuwärmen.

160. DYNJANDI

ERLEBNIS
N65°43'58" W23°11'59"

Eines der spektakulärsten Naturschauspiele der Westfjorde ist dieser wunderschöne Wasserfall, der in Stufen sanft ins Tal und Meer fließt. Man sollte sich auf jeden Fall die Zeit nehmen und ganz hinaufwandern.

161. HRAFNSEYRI

KULTUR
N65°45'36" W23°27'6"

Dieses Museum ist nach dem ersten Siedler dieser Region im 12. Jahrhundert

162. BOLAFJALL

ERLEBNIS
N66°10'40" W23°19'52"

Ein Lieblingstipp von Áslaug ist die grandiose Aussicht vom Berg Bolafjall. Bis zur Radiostation kann man den Bergkamm problemlos mit dem Auto entlangfahren. Von der Klippe blickt man an klaren Tagen bis zum Nationalpark Hornstrandir und nach Grönland!

163. TJÖRUHÚSIÐ

ÍSAFJÖRÐUR • RESTAURANT
Neðstakaupstað

Zwischen den Fjorden bei Ísafjörður liegt die kleine Halbinsel Ísafjarðarbær mit dem urigen Restaurant Tjöruhúsið. Wer von Ísafjörður aus mit dem Boot unterwegs auf eine der vielen einsamen Strände oder Inseln war, der bekommt hier herzliche isländische Gastfreundschaft und köstliches Essen in gemütlicher Atmosphäre geboten. Es handelt sich zudem um das älteste Haus der Stadt.

170.

170.

170

164. GAMLA BAKARÍIÐ

ÍSAFJÖRÐUR • CAFÉ
Aðalstræti 25

Wer am Nachmittag in Ísafjörður eintrifft, kommt genau richtig für Süßes im Gamla Bakaríið. Es ist die dritte Bäckerei, die 1871 überhaupt auf Island eröffnet wurde. Die ersten beiden liegen in den Städten Reykjavík und Akureyri. Zum Dinner sollte man dann auf jeden Fall ins Tjöruhúsið gehen.

fjorde findest du dieses großartige Gästehaus, das uns Áslaug empfiehlt. Es ist nicht nur ein sehr familiärer Ort mit tollem Hot Pool, leckerem Essen mit selbst angebauten Produkten und herzlichen Gastgebern, sondern auch das perfekte Zentrum, um die Regionen mit all den vielfältigen Aktivitäten zu erkunden, die die Gastgeber Stella und Gísli hier gern für ihre Gäste organisieren.

165. VIGUR

ERLEBNIS
N66°3'20" W22°49'44"

Diese einsame kleine Insel ist dicht bevölkert von bunten Papageienvögeln, die hier fleißig auf Fischfang gehen. Eine Bootstour startet von Ísafjörður aus.

166. LITLIBÆR

CAFÉ
N65°59'10" W22°48'58"

Ein authentisches, gemütliches kleines Café direkt am Meer. Es eignet sich vorzüglich für eine Pause auf der Küstenstraße mit leckeren Waffeln am Nachmittag.

167. COUNTRY HOTEL HEYDALUR

HOTEL
N65°50'38" W22°40'47"

Inmitten der wilden Natur der West-

168. THE OLD HERRING FACTORY

KULTUR
N65°56'39" W21°33'22", Djupavik

Es ist kaum vorstellbar, dass diese alte Heringsfabrik einst zu den größten Fischereihäfen Europas zählte. Heute wird die Fabrik als Ausstellungsfläche für junge Künstler genutzt. Wer vorab einen Eindruck des Ortes gewinnen möchte, kann sich das entsprechende Musikvideo der berühmten isländischen Band Sigur Rós ansehen, welches hier gedreht wurde.

169. KROSSNESLAUG

ERLEBNIS
N66°3'23" W21°30'31"

Hier befindet sich ein traumhaftes, geothermal gewärmtes Schwimmbecken direkt am Strand mit Blick auf das offene Meer Richtung Grönland, und das am Ende der Welt.

Wer besonders Glück hat, der kann vom Pool aus Wale beobachten. Genau wegen derartiger einmaliger Erlebnisse nimmt man den aufwendigen Weg überhaupt in Kauf: Vom nächstgelegenen Ort Hólmavík fährt man etwa 90 Minuten, den gleichen Weg geht es wieder zurück. Vor Ort gibt es ein nettes Café (Kaffi Norðurfjörður) mit köstlicher Fischsuppe und natürlich Natur pur zu entdecken.

170. AÐALVÍK
ERLEBNIS
N66°22'46" W23°7'9"

Unsere Soulmate Áslaug hat ihre Wurzeln in Aðalvík und liebt diesen magischen Ort im entferntesten Teil von Island, dem Hornstrandir Nationalpark. Hier gibt es Polarfüchse, Seevögel, Seehunde und vor allem eines: unberührte Natur und wunderbare Einsamkeit. Es ist der perfekte Ort für ambitionierte Wanderer und Abenteurer. Wer den Ort erleben will, der fährt am besten von Ísafjörður mit der Fähre. Dort bekommt man auch Detailkarten und weitere Informationen zum Gebiet.

„Die Welt
fasziniert
mich."

– Andy Warhol

WEITERE RECHERCHE:

BLOGS

> *nectarandpulse.com*
> *guidetoiceland.is*
> *inspiredbyiceland.com*
> *visiticeland.com*

TOUREN

> *adventurevikings.is*
> *arcticsurfers.com*
> *vikingrafting.is*
> *iceguide.is*
> *midgardadventure.is*

BÜCHER

> Edda - Isländische Sagen & Mythen
> Exploring Iceland's Geology,
  S. Gudmundson
> Plants of Iceland, G. Bjarnadóttir
> Thermal Pools in Iceland, Jón
  Snæland, Þóra Sigurbjörnsdóttir

INSTAGRAM ACCOUNTS

@icelandic_explorer
@ellithor
@asasteinars
@benjaminhardman
@wheniniceland
@beyondthelands
@iheartreykjavik
@iuriebelegurschi

WÄHRUNG

Isländische Krone ISK. 130 ISK entsprechen etwa 1 € (09/2018).

ZUSÄTZLICHE INFOS

Die **Öffnungszeiten** sind in Island sehr saisonabhängig. Viele Restaurants oder Cafés sind nur im Sommer zwischen Juni und September geöffnet.

In der **isländischen Hotelszene** gibt es wundervolle Orte, die wir hier auch wärmstens empfehlen, weil sie gleichzeitig Orte der Begegnung und Erfahrung sind. Doch grundsätzlich sind private Unterkünfte den ansonsten kaum authentisch oder individuell eingerichteten Hotels vorzuziehen. Hier gilt: am besten ein Jahr, mindestens 6 Monate, im Voraus buchen.

Beste Reisezeit ist Juni bis September. Das Wetter ist häufig von Ort zu Ort unterschiedlich und sehr wechselhaft.

DANKE,

für's Kaufen, Lesen, Sich-Inspirieren-lassen, Reisen und Entdecken mit diesem Reiseführer. Er wurde mit sehr viel Feldforschung, Liebe und Freude gestaltet.

Seit 2010 haben wir es uns mit NECTAR & PULSE zur Aufgabe gemacht, die schönsten Orte dieser Welt zu finden und mit neugierigen, reiselustigen und gleichgesinnten Menschen zu teilen. Aus dieser jahrelangen Recherche und Liebe zum Reisen, ist eine große Schatzkiste aus Restaurants, Cafés, Shops, Hotels, Museen, Galerien, Seen, Bars und inspirierenden Local Soulmates entstanden. All diese Schätze findest du in unseren Guides.

Auf unserer Website kann man sich zusätzlich Tipps von Local Soulmates downloaden und nach und nach produzieren wir mehr Guides gemeinsam mit der Süddeutsche Zeitung Edition. Unter anderem gibt es die Glücklich in ... Reihe bereits für Berlin, London, Paris, Südschweden & Stockholm und Island. Bei Fragen oder Anmerkungen schreib uns gerne.

Eine erfüllte Reise wünschen,

Tanja & Christian

Mehr auf
NECTAR & PULSE – nectarandpulse.com
Süddeutsche Zeitung Edition – SZ-Shop.de

Instagram
@nectarandpulse
@the.rooses

Kontakt
hello@nectarandpulse.com

Das Leben ist eine Reise

© 2019 NECTAR & PULSE GmbH & Co KG, Berlin

Idee & Redaktion: Tanja Roos und Dr. Christian Roos
Konzept, Recherche, Text & Design: Tanja Roos und Dr. Christian Roos
Layout & Satz: detailverliebt. Ulrike Poppe, Leipzig
Weitere Texte: Zsuzsanna Toth

Herausgeber: Süddeutsche Zeitung Edition 2019
für die Süddeutsche Zeitung GmbH München
Projektmanager: Till Brömer und Sabine Sternagel
Karte/Infografik: Sarah Unterhitzenberger, Eric Löffelmann, Anne Milachowski
Herstellung: Thekla Licht und Hermann Weixler
Druck und Bindung: optimal media GmbH, Röbel / Müritz
ISBN: 978-3-86497-473-1
1. Auflage

–

Local Soulmates:
Áslaug Snorradóttir, Eygló Margarét Lárusdóttir, Sigurður Ólafsson,
Áslaug Barðadóttir, Bjarki Þorláksson, Jack Griffith, Hildur Yeoman,
Berglind Häsler & Svavar Eysteinsson

–

Fotografie, Illustration & Editing:
NECTAR & PULSE - Tanja Roos und Christian Roos

Weitere Fotos:
Ein besonderer Dank an unsere Local Soulmate Áslaug
Snorradóttir für ihre wundervollen und intimen Fotos.
Viking Rafting, Íris Ann, Jens Einars, Lilja Birgisdóttir, Björn Árnason, Promote Iceland, Unsplash, Ragnar Sigurðsson, Sonia Nicholson, Chris Hau

–

Die in diesem Reiseführer enthaltenen Informationen wurden von den Autoren nach bestem Wissen erstellt und von ihnen und dem Verlag mit größtmöglicher Sorgfalt überprüft. Dennoch sind inhaltliche Fehler mit letzter Gewissheit nicht auszuschließen. Daher erfolgen die Angaben ohne jegliche Verpflichtung oder Garantie. Wir bitten um Verständnis und sind jederzeit für Anregungen und Verbesserungsvorschläge dankbar.

Dies ist ein unabhängiger Reiseführer. Es wurden keine Bezahlungen entgegengenommen. Jeder Tipp wird ausschließlich empfohlen, weil er uns gefällt.

Druck und Bindung in Deutschland auf umweltfreundlichen Papier

„Es gibt keinen Weg zum Glück. Glücklichsein ist der Weg."

– Buddha